図解 葉隠

勤め人としての心意気

齋藤 孝

ウェッジ

はじめに――武士道に、勤め人としての心意気を学ぶ

「武士道といふは、死ぬ事と見付けたり」

この一文が有名な『葉隠《はがくれ》』は、江戸時代中期の佐賀の鍋島《なべしま》藩士で、のちに出家した山本常朝が、武士としての心得を語ったものです。

三島由紀夫が心酔し、入門書を書いていることでも有名ですが、今回私が『葉隠』に注目したのは、この本が「勤め人としての心意気」を懇切丁寧にアドバイスしている点でした。

現代人の多くは、どこかの組織に所属して働き、気の進まぬ仕事も引き受けなければなりません。いやだからといって、そう簡単に辞めるわけにもいきません。辞めてフリーランスになったとしても、それはそれで新たな人間関係を作り、いっそう気をつかって生きなければなりません。現代人のこのような生き方は、武士道の精神から学ぶべきところが多くあります。

「武士道」というといかにも勇猛果敢な感じがしますが、『葉隠』に書かれていることのほとんどは、「この世にどのように処していくのか」という処世訓です。

しかも、酒の飲み方、人とのつきあい方、手紙の書き方、仕事の仕方といった具体的で親切なアドバイスに満ちているのです。

江戸時代の武士は、組織に属する奉公人でした。奉公人として多すでに戦国時代は終わり、組織人としての働きが求められていました。大なストレスにさらされながら、一生をどのように有意義なものに変えていくのかということが、武士たちの大きなテーマだったのです。

常朝はその中で、いわば実存主義的な課題をずっと考えてきたのだと思います。

私たちは、仕事をしていて迷うことがたくさんありますね。細かいことにとらわれて、気が沈んでくることもあります。しかし『葉隠』を読むと、一つ一つに注意を配り、細かいことをきっちりやっていくことの大切さが説かれています。

現代は高ストレス社会と言われますが、武士の社会はある意味で究極のストレス社会だったと言えるでしょう。割り振られた仕事からは、絶対に抜けることができない。上司から気に入られなければ、リストラされて浪人になることもしばしばです。

常朝も出家する前は、殿の尻ぬぐい役のような、やりがいのある仕事とは言えないことをやっていました。主君のために戦ったことなど一度もない、言ってみれば身の回りのお世話をするしかない立場でした。

武士の自己実現という意味では、むしろ斬り合って死にたいわけです。しかし、それもできず、もどかしい思いで勤め人として奉公していた。そこに、やりがいを見出す必要がありました。

現代人と大きく違うのは「毎朝、死ぬ覚悟を新たにしていた」ことでしょう。武士道とは、一度学んだらそれで終わりではなく、毎朝新たに死ぬ覚悟を決めることだったのです。武士たちは死ぬ覚悟を持ちながら、戦場ではなく日常に向かいました。武士の日常は現代社会よりもずっと厳しく、ささいなミスでもすぐに処分されます。手紙の書き方を間違えれば処分され、酒の席で不作法があると斬り合いも起きる。日常の様々な事柄から、命を失ってしまうこともあったのです。

そのような緊張感がある社会で生き抜いていく処世術を、『葉隠』は教えてくれます。単に処世術を教えてくれる本とは違って、「死ぬ覚悟によって生きる覚悟を新たにする」という究極の実存主義が、この本の軸にあります。魂の熱さが流れているからこそ、古典としての魅力を失っていません。

武士がさらされているストレスは、私たちが日々感じているストレスとは違うものですが、ここから学ぶことは多くあります。ぜひ、本書を通して武士の処世術や心意気にふれてみてください。

図解　葉隠　もくじ

はじめに
――武士道に、勤め人としての心意気を学ぶ……001

第一章　心地よく生きる術

ぼんやり生きるな……016
武士たる者は、武道を心懸くべきこと、珍しからずといへども、皆人油断と見えたり。（聞書第一、二）

何にでもチャレンジする……020
武士道といふは、死ぬ事と見付けたり。二つ二つの場にて、早く死ぬかたに片付くばかりなり。別に仔細なし。胸すわって進むなり。（聞書第一、二）

直感を信じろ……024
大事の思案は軽くすべし。（聞書第一、四六）

孤独力――事を成し遂げる力……028
四十二にて出家いたし、思へば短き在世にて候。十四年安楽に暮し候事不思議の仕合せなり。（聞書第一、三七）

先のことを心配しすぎるな……031
毎朝毎夕、改めては死に改めては死に、常住死身になりて居る時は、武道に自由を得、一生越度なく、家職を仕果すべきなり。（聞書第一、二）

強く生きるための「無我夢中」……036
武道は今日の事も知らずと思うて、日々夜々に箇条を立てて吟味すべき事なり。曲者といふは勝負を考へず、無二無三に死狂ひするばかりなり。これにて夢覚むるなり。（聞書第一、五五）

後悔と不安を防ぐ生き方……040
只今の一念より外はこれなく候。一念々々と重ねて一生なり。（聞書第二、一七）

悲しみも喜びも心にとどめるな……044
不慮の事出来て動転する人に、笑止なる事などといへば、尚々気ふさがりて物の理も見えざるなり。（聞書第二、五六）

誰もが死ぬ運命……047
貴となく賤となく、老となく少となく、悟りても死に、迷ひても死す、さても死ぬ事かな。我人、死ぬと云ふ事知らぬではなし。（聞書第二、五五）

淡々と役割を演じる……052
世界は皆からくり人形なり。（聞書第一、四二）

生き方の美学……056
不足の人に添ひ候は恥になり申さず。一度夫婦となり、女の方より離別し、又二度夫を持ち候事は不義にて御座候。（聞書第五、三九）

武士の葉隠エピソード集1……060

第二章　大人としてのたしなみ

智・仁・勇を持て！……064
内には智仁勇を備ふる事なり。（聞書第二、七）

お金も気持ちも体験も出し惜しみしない……068
始末心これある者は義理欠き申し候。義理なき者はすくたれなり。（聞書第一、六三）

「忙しい」と口にしない……072
徳ある人は、胸中にゆるりとしたる所がありて、物毎いそがしきことなし。小人は、静かなる所なく當り合ひ候て、がたつき廻り候なり。（聞書第二、一〇四）

年齢と体力に合わせる……077

四十より内は強みたるがよし。五十に及ぶ頃はおとなしくなりたるが相應なり。（聞書第一、一四九）

悟りのレッスン……081

一呼吸の中に邪を含まぬ所が、則ち道なり。純一になる事は、功を積むまでは成るまじき事なり。（聞書第一、三九）

心を落ち着けるお茶……084

茶の湯の本意は、六根を清くする為なり。眼に掛物・生花を見、鼻に香をかぎ、耳に湯の音を聴き、口に茶を味ひ、手足格を正し、五根清浄なる時、意自ら清浄なり。（聞書第二、一一八）

自分を見つめる時間を取り戻す……088

武道は毎朝毎朝死習ひ、彼につけ是につけ、死にては見、死にては見して、切れ切れて置く一つなり。（聞書第二、四八）

あくびもくしゃみもコントロールできる……091

人中にて欠伸仕り候事、不嗜なる事にて候。計らず欠伸出で候時は、ひたひ撫で上げ候へば止み申し候。くさみも同然にて候。（聞書第一、一七）

病気への対処法……096

昔は、疝気の事を臆病ぐさと申し候。（聞書第六、五五）

武士の葉隠エピソード集2……100

第三章　勝つための仕事術

トップを目指せ……104

昨日よりは上手になり、今日よりは上手になりして、一生日々仕上ぐる事なり。（聞書第一、四五）

仕事は断るな……108
役断り、引き取りなどする事は、御譜代相伝の身として、主君を後になし、逆心同然なり。（聞書第一、一五八）

早い決断が仕事を制す……112
古人の詞に、七息思案と云ふことあり。隆信公は、「分別も久しくすればねまる。」と仰せられ候。（聞書第一、一二二）

他人を巻き込む「勢い」……115
紙一ぱいに一字書くと思ひ、紙を書き破ると思うて書くべし。よしあしはそれしやの仕事なり。武士はあぐまぬ一種にて済むなり。（聞書第一、二九）

「調べて確認」を習慣に……118
萬事前方に極め置くが覺の士なり。不覺の士といふは、その時に至っては、たとへ間に合はせても、これは時の仕合せなり。（聞書第一、一二）

大事なことは必ず相談する……123
一人の智慧は突っ立ちたる木の如し。（聞書第一、五）

言いづらいことこそ、早めに正直に……127
さもなきことを、念を入れて委しく語る人には、多分その裏に、申し分があるものなり。（聞書第二、九九）

上司とのコミュニケーション……131
内気に陽気なる御主人は随分褒め候て、御用に越度なき様に調へて上げ申す筈なり。御気勝、御発明なる御主人は、ちと、御心置かれ候様に仕懸け。（聞書第二、一二）

トラブルこそ仕事の醍醐味……134
大難大変に逢うても動転せぬといふは、まだしきなり。大変に逢うては歓喜踊躍して勇み進むべきなり。（聞書第一、一一六）

まず〝どうしたらいいか？〟を考える……138
私なく案ずる時、不思議の智慧も出づるなり。私を除きて工夫いたさば、大はづれあるべからず。（聞書第一、四）
他人のためにどこまで動けるか……142
身心を擲ち、一向に嘆き奉るばかりなり。（聞書第一、三）
辞めるのは次を決めてから……146
帰り新参などは、さても鈍になりたると見ゆる位がよし。しっかりと落ち着いて動かぬ位があるなり。（聞書第二、六四）
武士の葉隠エピソード集3……150

第四章　リーダーの条件

上司の心得……154
麁に入り細に入り、よく事々を知りて、さて打ち任せてかまはずに役々にさばかせて（聞書第一、三四）
指示は明確に。そして繰り返し伝える……158
最前の不調法は我等なり。（聞書第四、六〇）
ほめて育てる……162
若き者には、少々の事にても、武士の仕業を調へ候時は、褒め候て気を付け、勇み進み候様仕る為にてあるべく候。（聞書第一、一六）
やる気が出るほめ方……166
軍に法なし、敵に勝つを軍法とす。（聞書第三、六）

チームの士気を上げる……169
往来の人を見るに、大かた上瞼打ちおろし、地を見て通るものばかりとなりたり。気質がおとなしくなりたる故なり。勇むところがなければ、槍は突かれぬものなり。（聞書第三、四六）

部下にこそ親切に、丁寧に……172
物頭などは、組衆に親切にあるべき事なり。（聞書第一、一八七）

意見するときこそ慎重に……175
人に意見をして疵を直すと云ふは大切の事、大慈悲、御奉公の第一にて候。意見の仕様、大いに骨を折ることなり。恥をあたへては何しに直り申すべきや（聞書第一、一四）

正しい評価の仕方……180
御鷹師何某は、用に立つ者に候や。「何の役にも立ち申さず候へども、御鷹一通は無類の上手にて候」「御鷹一通は無類の上手に候へども、不行跡者にて何の役にも立ち申さず」（聞書第四、一二）

トラブルなくクビにする方法……184
召使の者に不行跡の者あれば、一年のうち、何となく召し使ひ、暮になり候てより無事に暇を呉れ申し候。（聞書第一、九六）

落ち着きは自分のため、周りのため……188
うやうやしく、にがみありて、調子静かなるがよし。（聞書第一、一〇八）

人が集まるのはリーダー次第……192
よき人出来候事は、我が力にて成る事なり。物毎好きの者は集まるものなり。（聞書第四、五五）

武士の葉隠エピソード集4……196

第五章　人づきあいの極意

相手に関心を持って知ろうとする……200
人に出会ひ候時は、その人の気質を早く呑み込み、それぞれに應じて会釈あるべき事なり。（聞書第二、四）

「知らない」とは言わない……204
終に知らぬ事ながら存ぜずと云はれず、漸く間に合はせ候。（聞書第五、三四）

会ったときはなごやかに……207
心に叶はぬ事ありとも、出会う度毎に会釈よく、他事なく、幾度にても飽かぬ様に、心を付けて取り合ふべし。（聞書第一、一六四）

発信は慎重に……210
風體の修行は、不断鏡を見て直したるがよし。手紙は向様にて掛物になると思へ。（聞書第一、八九）

知らないことは平和である……214
藻がらなどのあるゆえに、その蔭に魚はかくれて成長するなり。（聞書第一、二四）

大変なときこそ力になる……217
曲者は頼もしき者、頼もしき者は曲者なり。人の落ち目になり、難儀する時節、くぐり入りて頼もしするが頼母しなり。（聞書第一、一三三）

年長者の言うことには耳を傾けよう……220
同じ事を十度も二十度も聞くに、不圓胸に請け取る時節あり。（聞書第二、一三四）

ちょっとしたことでも声をかけ合う……224
大難大変の時も一言なり。仕合せよき時も一言なり。當座の挨拶咄の内も一言なり。工夫して云ふべき事なり。皆心の仕事なり。（聞書第二、八二）
口論の心得……228
口論の時心持の事　随分尤もと折れて見せ、向ふに詞を儘くさせ、勝に乗って過言をする時、弱みを見て取って返し、思ふ程云ふべし。（聞書第十一、一〇）
武士の葉隠エピソード集5……232
おわりに
――五パーセントの武士道精神が、人を強くする……234

※本書で引用した『葉隠』の書き下し文は、和辻哲郎・古川哲史校訂『葉隠』（岩波文庫）に拠りました。一部文字づかいや語句については変更した箇所があります。

編集協力――菅　聖子

第一章　心地よく生きる術

ぼんやり生きるな

武士たる者は、武道を心懸《か》くべきこと、珍しからずといへども、皆人《みなひと》油断と見えたり。（聞書第一、一）

――武士たる者が武士道を心がけねばならないということは、格別とりたてて言うほどのことでもないが、すべての人に油断があるように思う。

言下に答える力

「武道の大本をなんと心得る」と聞いても、即座に答えられる武士が少ないことを、山本常朝は「油断している」と語りました。とりたてて言うほどのことではないが、答えられないのは武道の心がけができていない。つまり、油断千万だというわけです。

聞かれたときには言下に答えることが重要で、「ええと、なんだっけ?」などと言う人は、普段から考え抜いていないのです。

たとえばあなたが「仕事とはどういうものか」と上司に聞かれたとします。「もちろん

考えを明確にする習慣をつける！

いろいろあるだろうが、もっとも君が重要だと思うことは何だ？」と言われたら、何と答えますか。

自分のやっていることに対して確信があるなら、パッと思い浮かぶでしょう。普段から考えていれば、躊躇しないで答えられるでしょう。

答えは変わってもいいし、一つでなくてもいい。「今はこれを心がけています」というのでもいいから、とにかく答える。それが「言下に答える力」です。

考えるクセをつける

私は、大学で学生を教えるときには言下に答える力を要求し、質問には三秒以内に答えるようにと言っています。採用面接のときでも「これから仕事の中で大事なことが三つあるとすれば何か」と聞かれて、三つパッパッパッと答えられる人は、普段から仕事について自分自身の答えを持っている人ですね。

先日、教育学の専門家が集まったところで、新しい学力について話す機会がありました。そこで「新しい学力の柱を三つ、伝統的な学力の柱を三つ挙げ、その関係を語ってください」と言ったら、多くの人が的確に答えられませんでした。

急に言われても困るのかもしれませんが、教育学の分野でこれらは、基本的なポイントです。しかし、多くの人が「あまり具体的に考えたことがない」と言う。考えたことがないと言う人は、すでに覚悟が足りません。

作詞家の阿久悠さんがテレビのインタビューで、「歌詞を作る上で大切なことは何ですか」と聞かれたとき、間髪入れずに「時代です！」と強く答えられたのが、印象に残っています。

何かを考えて準備をし、経験して、これだと思うところに行きつくこと。それは、自分がつかんだものでいいのです。

自分なりの定義を持つ

宮本武蔵はある殿様に気に入られ、殿様から「家臣たちの中で一番心得がある者は誰か」と聞かれました。ある人を選んで「この人です」と伝えると、彼は「自分は武術も強くはないし、特別ではない」と答えました。「いえ、何かあるはずです」とさらに問うと、「自分は気持ちが定まらないので、毎日真剣を天井からぶら下げてその下で寝るようにしています」と語ったという逸話があります。

これこそが、武道の心得です。

常に、いつ死んでも大丈夫だと覚悟を決めている。そこにあるのは、武術が強いか弱いか、ということではありません。武道というのはそれをも超える。天井に真剣をぶら下げて見つめることも、一つの答えなのです。

どんなことでも「自分なりに定義してみる」というのは面白いことです。「葉隠には何が書かれてあるか」ということだって、いくつも定義できるでしょう。ただし、言下に答えられなければ、本当にわかっているとは言えません。油断があるということなのです。

何にでもチャレンジする

武士道といふは、死ぬ事と見付けたり。二つ二つの場にて、早く死ぬかたに片付くばかりなり。別に仔細《しさい》なし。胸すわって進むなり。(聞書第一、二)

——武士道とは、死ぬことである。生死を選ぶ場合、さっさと死ぬほうに行くのがいい。心を落ち着けて進め。

結果や評価にとらわれない生き方

これは『葉隠』の中で、もっとも有名な言葉です。

武士道とは、一般的には「尽くす」とか「逃げない」とか「正々堂々」だという言葉が出てくるけれど、突き詰めて考えたら、「死ぬこと」だと胸の底から気がついた。

「見付けたり」というのは、本当に考え抜いたからこそ自分で気づいたということです。

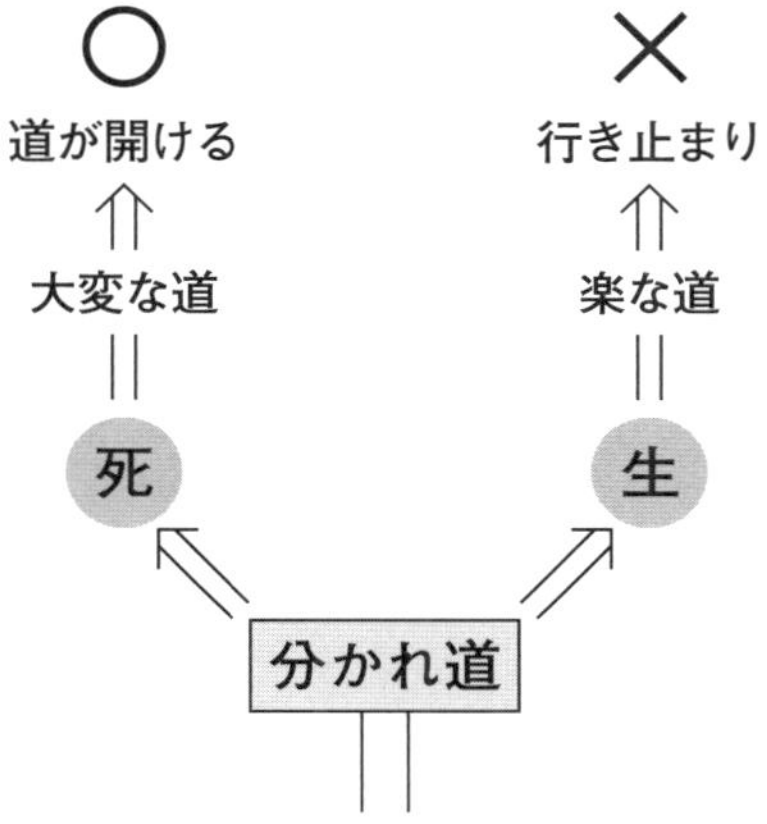

動けば道が広がっていく

非常に深い表現です。

人の道は「死ぬ」と「生きる」、常に二つに分かれている。

生きるか死ぬかの分かれ道で迷ったとき、常に死ぬほうへと胸が据わっていくのが武士道だと、常朝は言います。

「胸が据わる」とは、心が落ち着いているということです。

おへその下の臍下丹田《せいかたんでん》に重要な部分があり、そこを中心に呼吸がしっかりと深くなった状態。胸が安らかであり、迷いがないという身体感覚です。

何度も二つの分かれ道に立ち、死ぬということを選んだ結果、また生きて、そして再び死ぬほうへと向かうのが武士道。

しかし大方の人の生き方は、生きるほうへ生きるほうへと向かいます。普通は生きるほうが好きで、生きるほうに理屈がつくのです。

まずはやってみる

また、「的外れな死に方をするのは犬死にではないかと言う人がいるが、的外れであってもちゃんと死ねば、犬死にでも恥にはならない」ということも書かれています。

この考えこそ、武道が身についている武士であるということ。誰もが生きていたいと思いますが、武士は違う。迷ったときに「役に立つか立たないかを考えずに行動できる」のが武士なのです。

私たちは『葉隠』を読んで、本当に死ぬことを考える必要はありません。現代においては死を選ぶ状況などほとんどないし、死ぬことが求められているわけでもないからです。しかし、「役に立たないことが、結果として何かを生み出すこともある」という話は、現代にも通じます。

結果が出そうもないからこの実験はやめておこう、結果が出そうもないからあちらへの営業はやめておこう。そんなふうに考えると、仕事や生き方の広がりはなくなってしまいますね。

楽なほう、楽なほうではなく「ダメかもしれないが、とりあえずやってみる」という気持ちで取り組んでみる。ペニシリンやアスピリンは偶然による発見ですが、他にも有名な発見は偶然によって生まれたものが多く、そのことで人類は救われてきました。

「やっても無理なんじゃないか」「きっと無駄だ」と思うのは、ダメになっていくつまらない道です。無理だと思っても、とにかくやってみる。そうすれば、目的以外の副産物が手に入るかもしれません。

あれこれ理屈をつけて結局やらないのではなく、評価にとらわれない理屈抜きの生き方が、素晴らしい結果を生むこともあるのです。

直感を信じろ

大事の思案は軽くすべし。（聞書第一、四六）

——大きなことを決めるときは、むしろ軽くやれ。

大きな決断はサッと決める

普段から覚悟を持って事に立ち向かっている人は、人生の大きな決断もサッと決めてしまう場合があります。

特に、財界トップにいる人たちは、ちょっとした立ち話で「じゃあ君に頼むよ」と簡単に仕事を決めることがあると聞きます。長年積んだ経験に基づく直観力があるので、確信があるのでしょう。

私自身も、ある人から「真っ先に頭に浮かんだのは齋藤さんです」と言われて、仕事を引き受けたことがあります。言われたとき、相手の気持ちを受けて立とうと思いました。こうして仕事がさっさと進んでいくのです。

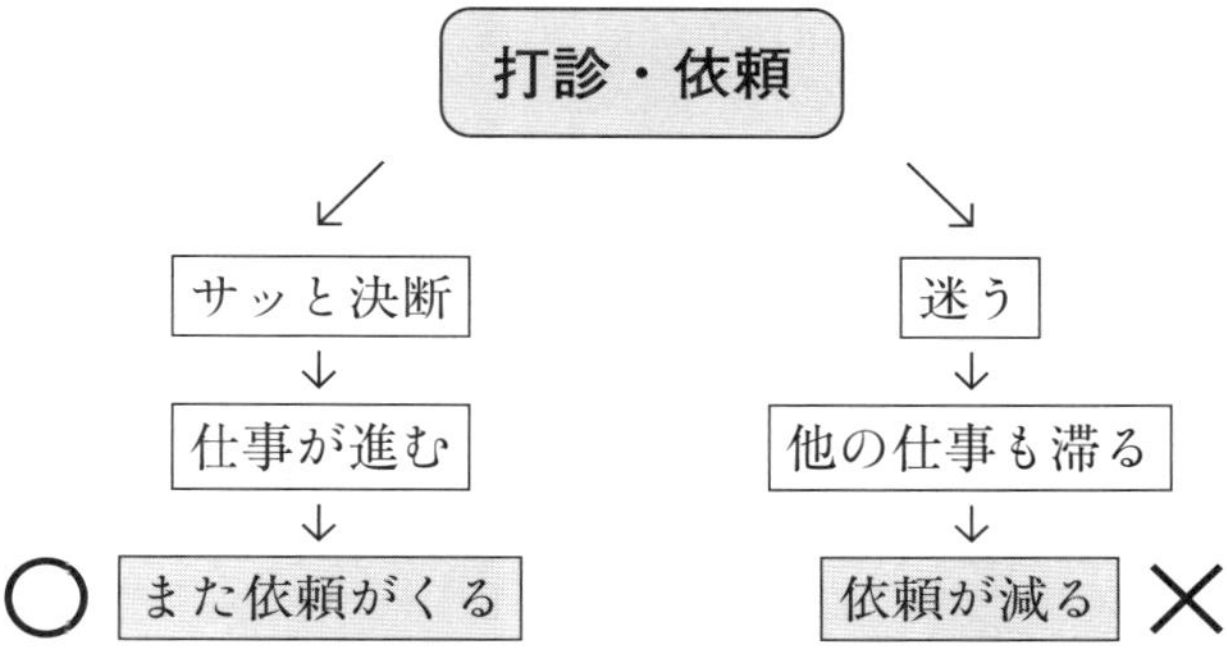

早い決断が仕事（物事）を前に進める

結婚も、人生の大きな決断でしょう。大きなことだからと考えすぎていると、そのうち列車が過ぎ去ってしまいます。

私の知り合いの女性は、男性からずっと「好きだ、結婚してほしい」と言われていたのに、そのときは結婚に気持ちが向かなかったために放っておきました。しかし、いざ自分がある年齢になったとき「やっぱりあの人がよかったな」と思って連絡をとったら「つい先日、婚約が決まったんだ」と返事があったそうです。

結婚というのは常に時間に追われるものなので、いい人はどんどん相手が決まっていきます。少しでも気持ちが向いたなら、サッと決めてしまうのも一つの方法です。

私はテレビのお見合い番組が好きなのですが、第一希望の相手がダメだった人の動きをいつも見ています。第一、第二希望が叶わなくても、軽やかに第三希望を選んでいく人がいる。望みのないところで頑張ってもしょうがないので、大事だと考えすぎず直感を生かして「この人だ」と思ったところでパッと決めるくらいが、ちょうどいいのかもしれません。

家を買うことや、結婚など人生の大事な場面では、あるところで決断をしなければいけないし、その基準があまり複雑すぎると決断できません。考えすぎると決断できなくなるので、「縁を大事にする」と決め、流れを切らないことが重要です。

進んで戻って、また進む

将棋の羽生善治《はぶよしはる》永世名人は、大きく物事を見る「大局観」ということを言っています。直感的にこれがいいと思ったら、検証しながら前に進む。そのために時間を使うと語っていました。

「プロサッカーの選手が移籍を勧められるのは、「大事の思案」と言えます。「どうしよう」と迷っても、サッと決めないと時間切れになることがある。FCバルセロナは世界的に強いチームですが、「バルセロナ行きの列車は一生に一回しか停まらない」という名言があります。来たときに乗らなければ、二度とチャンスはめぐってきません。

サッカーでも人生でも、成功する人はリズムがいい。力みすぎないで、誘われたり依頼されたりしたときに「縁だから」と柔軟に対応するのが成功の秘訣だと思います。

ノーベル賞を受賞したダニエル・カーネマンは、『ファスト&スロー』(村井章子訳、ハヤカワ文庫NF)という本の中で人間の心理について書いています。ファストとはファストシンキング、スローとはスローシンキングのこと。

ファストシンキングは、直感を生かした考え方です。われわれは写真を見ると、その人が怒っているのか笑っているのか直感的にわかりますね。これがファストシンキング。一方、ゆっくり考えて分析して決めるスローシンキングもあります。それを組み合わせるといいというのが、カーネマンの考え方です。

直感的によいと思うほうに行き、チャレンジしてダメなら戻ればいい。失敗してダメならまた次を考えたらいいのです。そういう意味で、大きなことを軽くすべしというのは、よい考え方です。

孤独力――事を成し遂げる力

四十二にて出家いたし、思へば短き在世《ざいせ》にて候。十四年安楽に暮し候事《そうろうこと》不思議の仕合《しあわ》せなり。（聞書第一、三七）

――自分は四十二歳で世捨て人になった。思えば短い浮世の暮らしであった。ここ十四年もの間、安楽に暮らしてきたということは、不思議の仕合せと言うべきだ。

出家的生き方

鍋島光茂公に仕えていた常朝は、光茂公の死後、四十二歳で出家します。

今の時代、普通の人が出家するという選択肢はあまりありませんが、昔はよくある話でした。平家物語などでも、斬り合いにうんざりした武士が出家する話が描かれています。出家すれば、当然戦いには加わらなくてもよくなるわけで、世捨て人と言われたのです。

当時としても、四十二歳での出家は早かったのだと思います。

出家とは、会社を退職してリタイアするのに近い感覚でしょうか。今のリタイア年齢は

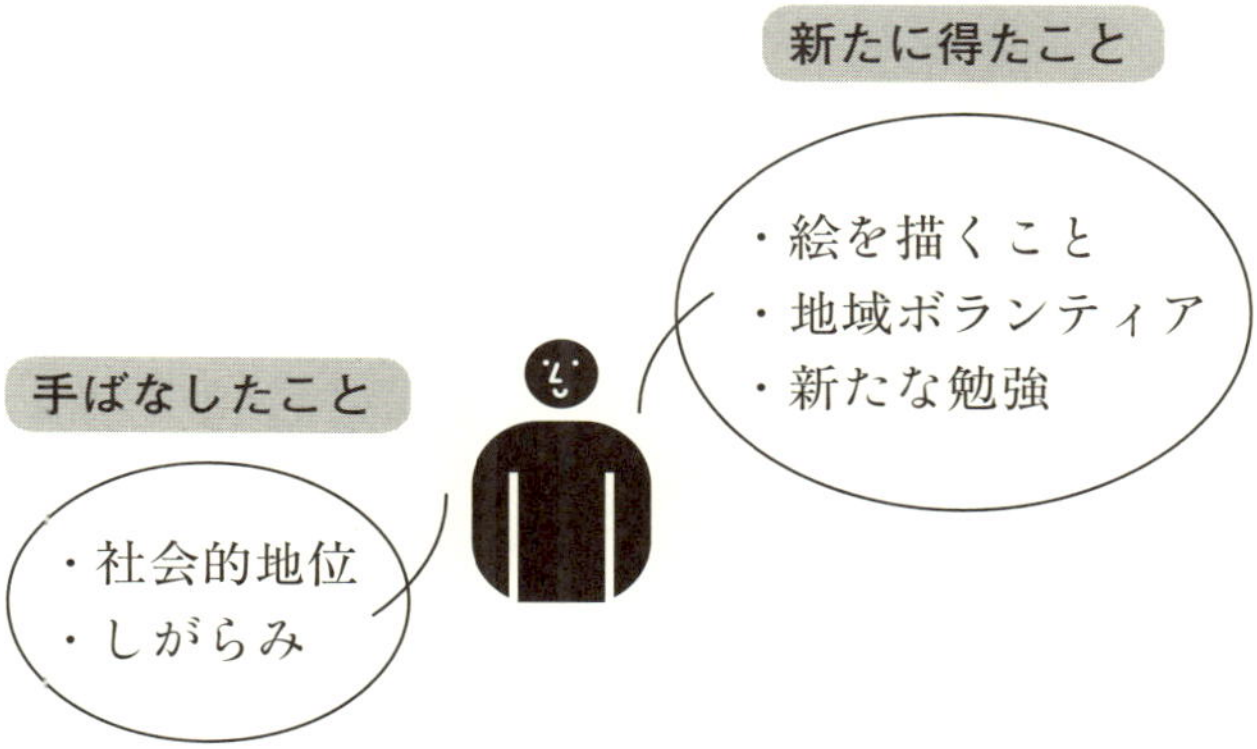

“好き”“やりたいこと”を突き詰める

六十五歳くらい。そこから八十歳や九十歳まで生きるのですから、長い時間が残されています。出家するような気持ちが、人生に求められる時代かもしれません。

リタイアすると、社会の組織から離れたところで生きることになります。当時は出家すれば社会から離れることができ、お布施などで生きるシステムがありました。そして世のために祈りながら生きたのです。

好きなことを突き詰める

リタイアではありませんが、芸術家も社会の組織から離れ、出家的生き方をする人たちです。中でもゴッホは、絵を評価されず、お金も稼ぐことができず、絵の具を買うお金もなくて、弟に助けられながら生きていました。

『ゴッホの手紙』（エミル・ベルナール他編、硲伊之助訳、岩波文庫）という素晴らしい本があります。ゴッホは牧師の家に生まれましたが、牧師になることを断念し、画家になろうと思ったものの気持ちが定まらず、日本の浮世絵に出合って「この色の素晴らしさ、線の潔さに学びたい」と思い、日本に行くことを願っていました。

本の中には弟テオへの手紙が多いのですが、貧しかったゴッホが「お金をありがとう」という手紙をせつせつと綴っています。そのゴッホの絵が、今では金額的に一番高く売れるのですから、皮肉なものですね。

世捨て人のような感覚で生きている人は、自分の道をきわめていくため非常にピュアで、文化的に高度なものを生み出します。

常朝も四十二歳で出家し、その後に『葉隠』を語りました。出家したからこそ、奉公をしていた時期の思いが熟成されて形になった。ずっと武士として奉公を続けていたとしたら、この書物も残らなかったかもしれません。

「不思議の仕合せ」という言葉も含蓄があります。「仕合せ」とは、二つのことが重なり合うことで、偶然の縁の重なり合いといった意味合いです。中島みゆきさんの「糸」という歌に、縦の糸があなたで、横の糸が私で「逢うべき糸に出逢える」ことを「仕合せ」と人は呼ぶ、という歌詞があります。

幸不幸ではなく「不思議な縁のめぐり合わせ」と感得することが、「仕合せ」の極意です。

先のことを心配しすぎるな

毎朝毎夕、改めては死に改めては死に、常住死身《じょうじゅうしにみ》になりて居る時は、武道に自由を得、一生越度《おちど》なく、家職《かしょく》を仕果《しはた》すべきなり。

（聞書第一、二）

――毎朝毎夕、心を正しては、死を思い死を決し、いつも死身になっているときは、武士道とわが身は一つになり、一生失敗を犯すことなく職務を遂行することができるのだ。

死ぬ気になってやってみる

『葉隠』の中心思想が、ここに書かれています。

死の覚悟とは「そこで終わり」ではなく、「毎朝毎夕にあらためては死んでいく」という覚悟。毎日その覚悟を意識することによって、新たに新鮮な気持ちで死身になるというのです。

この時代は、朝夕に神仏に祈りを捧げるのは当たり前のことで、家訓に掲げられていることもよくありました。神様や仏様に祈りを捧げると、気持ちが新たになります。たとえば、仕事をしている人にとっては、仕事を始めたころのような新鮮な気持ちになれる。祈りによって、常に心が新しくなるのです。

「武士道といふは、死ぬ事と見付けたり」と朝と夕べに思い返し、改めて死身になる。死身とは面白い言葉ですが、死ぬのを恐れない体の在り方と考えればよいでしょう。

一度死んだ身になる。死んだ気になってやってみる――。それが死身です。

大病をしたあとに、「一度死んだようなものだから、何も恐れずチャレンジできるようになった」と語る人がいます。本当に人間は死ぬものだとわかると、思いきり好きなことをしようと思う。そこから、新しいものが発見できることがあるのです。

私たちは、人が死ぬのを何度見ても、自分が死ぬとリアルに感じることができません。そこを武士たちは「毎朝毎夕意識して、死身に」なっている。死身になるとき、人は自由を得ます。家職をやり切ることができるというのは、そのためです。

早く死ねということではありません。常に死身でいれば本気になるので、死の時間まで滞りなく仕事ができる。油断もなくなり、ミスは絶対的に少なくなります。自分のことを優先させたり、保身にとらわれることもなくなるので、決断が早くなります。

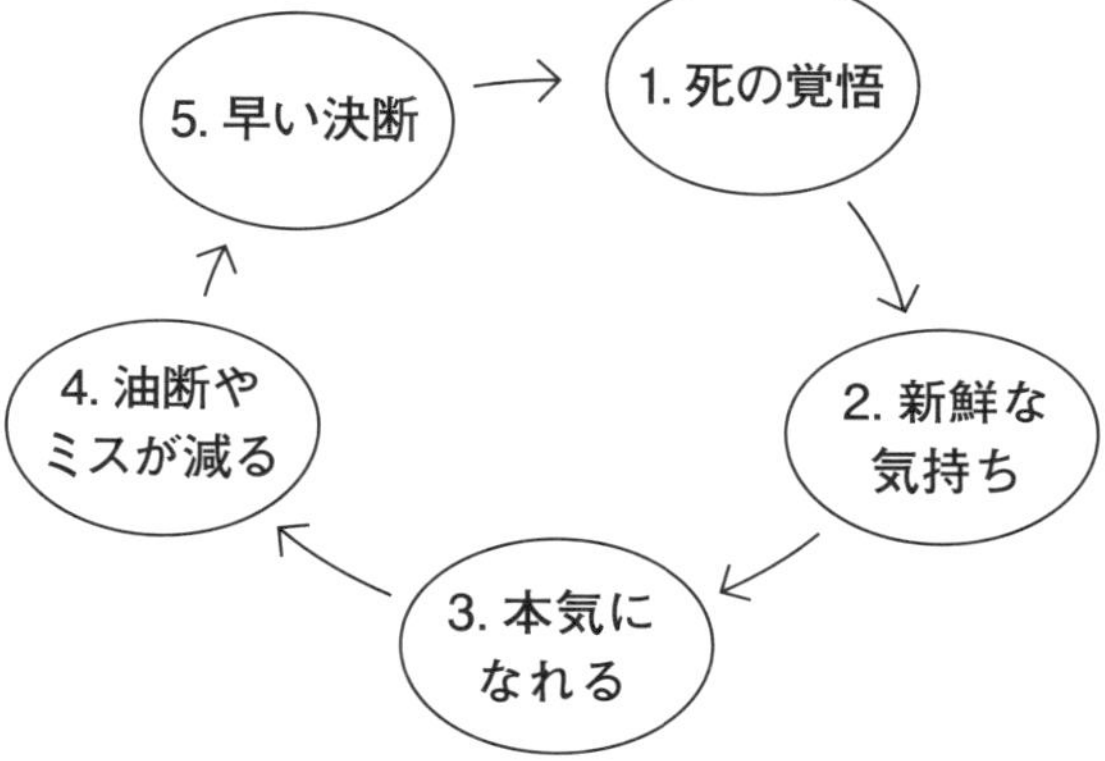

覚悟を決めて進めば、物事は好転する

欲から離れて見てみると……

逆に、「生きよう、生きよう」としている人は、いつも自分の利益を勘定に入れるため、決断がなかなかできません。「全体から見ればこちらのほうがいいけれど、自分に大変な仕事が回ってくるのはいやだ。どうしよう」と迷うことになる。

ところが死身の人は、全体を見て「これしかない」とスパッと判断ができます。

死身になった人というのは、自分の意見や自分の欲が消え、判断力が磨かれる。これが自由ということです。

自分にとらわれている人ほど、自由ではありません。逆に、自分から離れるほど自由になれます。自分から離れるというのは、自分の欲から離れるということ。利害や保身のとらわれから離れたとき、初めて世界はすっきり見えてきます。

宮沢賢治も「雨ニモマケズ」（『宮沢賢治詩集』谷川徹三編、岩波文庫）の中で、「ジブンヲカンジョウニ入レズニヨクミキキシワカリ」と書いていますね。自分を勘定に入れず、まっすぐ見えているのがよい状態です。自分の利害をいつも考えている人は、他人からもわかってしまうものです。

「死身」の反対の言葉は「保身」でしょう。生きようとするのは悪いことではありませんが、生きることに執着する人は、自分の利益を一番に考えようとします。

武士道は、普通の生物が持っている生き方とは反対の生き方をすることが、ポイントです。どんな生物でも、普通は生きるために保身を考えます。しかし武士道は、その反対を行く。

それは、一つの生きる美学であり、死ぬ美学です。殿様のために、自分自身の保身を考えず行動できる生き方をみんなで愛している。今の時代では考えられませんが、そういう美学を共有している、非常に文化的な社会でもあります。

命までは奪われない

常朝は「死の道も、平生《へいぜい》死習うては、心安く死ぬべき事なり。（聞書第一、九二）——死の道も、普段から死ぬことによく心をならしておくと、安心して死ぬことができるものだ」とも言っています。

奉公人の行きつく先は、「浪人か切腹」だとはじめから覚悟を決めておくとよい、と書かれています。

ある人が、「浪人というのは大変だと思っていたが、実際浪人してみるとそうでもなかった。もう一度したいくらいだ」と言いました。死の道も同じで、普段から心をならしておくと安心して死ねると言います。先のことを想像し、心配しすぎてはいけないということでしょう。

先日、私の知り合いが大会社の社長になりました。彼は少しのことで一喜一憂しない、常に冷静な判断をするタイプ。社長になりたいなんて思ってもいないのに、周りから推されて就任しました。

「大変でしょう?」と聞くと「そうでもないですよ」と飄々としています。

「何かあれば、最終的には責任をとって辞めればいいわけですからね」と言っている。さすが、社長になる人は腹が据わっています。

サムライがここに生きているなあと思いました。

強く生きるための「無我夢中」

武道は今日の事も知らずと思うて、日々夜々に箇条を立てて吟味すべき事なり。曲者《くせもの》といふは勝負を考へず、無二無三《むにむさん》に死狂《しぐる》ひするばかりなり。これにて夢覚むるなり。（聞書第一、五五）

——武士道はいつどのようなことが起こるかわからないと覚悟を決めて、朝に晩に具体的にやるべきことを考えて練っておくべきだ。剛《ごう》の者と言われるほどの人間は、勝敗など考えないで、なりふりかまわずただひたすらに死に向かって突き進むのだ。そこから本当の自分がよみがえってくる。

狂うということ

「死狂い」というのはすごい言葉です。今の時代にはない武士の美学です。

吉田松陰は「自分は狂《きょう》という者である」と言いました。「〇〇狂い」というのは、一つ

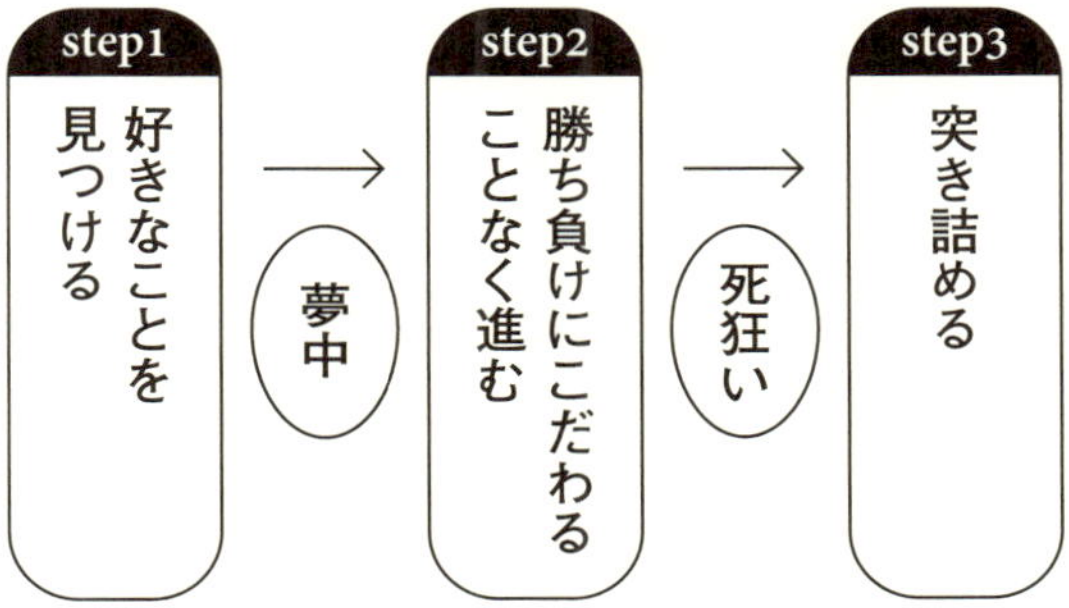

誰もが一流を目指すことができる

のことに突き進みすぎてしまう人のこと。死狂いとは、死に向かって一途に進んでいく人のことです。

常朝は、赤穂浪士の話を引き合いにしています。

「赤穂浪士の仇討も、泉岳寺で腹を切らなかったのが落ち度と言うべきだ。主君が死んで、敵を討つまでの間が長すぎる。もしその間に吉良殿が病死でもしたらどうするつもりだったんだ。もっと無分別にやれ」。

武士として恥をかくくらいなら死狂いせよ、ということです。

「武士道は死狂いなり」と言ったのは、鍋島直茂公でした。常軌を逸した死狂いになったとき、武士は格別な力が発揮できるということでしょう。

好きなことを突き詰める

現代に「無二無三に死狂いする」という生き方があるとすれば、勝ち負けにこだわらず、無我夢中でやるということ。その先に一流になる道があるのでしょう。

たとえば、学者で「この論文で世間一般にほめられたい」と思って書いている人はほとんどいません。そういうことを考えず突き進み、二十年や三十年の研究を積んだその果てに、初めて日の目を見るものもあります。

私も、二十代のときには論文を相当書きました。それをまとめて出版しましたが、たった二千部を刷っただけで終わりました。他にも、当時の自分の全エネルギーをかけて出した本が三冊あるのですが、どれもほとんど読まれませんでした。私自身の本当の仕事は、世の中では知られていません。

当時は無職だったので、「死狂い」に近い状態だったかもしれません。成功不成功とは別次元で、勝敗を考えずにやっていた。似たような人は周囲にも結構いましたが、自分も含めて暗く湿っぽくありません。意外に明るいのです。なぜなら、自分の好きなことに向かって突き進んでいるからです。

おそらく松尾芭蕉も、そういう気持ちだったのではないでしょうか。彼が最後に残した句は「旅に病んで夢は枯野をかけ廻る」というものです。大阪で亡くなるのですが、病に伏しても、彼は夢の中や頭の中で旅をしていました。常に旅をしながら俳句を作ってきた。

それを体が求め、新しいものや面白いものを探し続けようとするのです。

これも一つの死狂いでしょうし、もはや成功不成功などありません。

狂うというのは、すべてのエネルギーが一つに向かうということ。このゾーンに入ると、人は強く生きられます。

後悔と不安を防ぐ生き方

只今《ただいま》の一念より外《ほか》はこれなく候。一念々々と重ねて一生なり。（聞書第二、一七）

――まさに現在の一瞬に徹する以外にはない。一瞬、一瞬と積み重ねて一生となるのだ。

集中すれば雑念から自由になれる

「只今」とは、ひたすら今、ということ。今この瞬間にひたすら集中することです。一念一念、今に集中することを重ねていくと一生になる。野球選手なら「一打席一打席」と言うでしょうし、役者なら「一場面一場面」でしょう。一つの仕事を集中してこなしたら、また次の仕事をこなす。先のことを考えすぎずに今を重ねていくのです。

多くの仕事量をこなす一流の人ほど、今の仕事、今の仕事に集中していて「気づいたらこんなに働いていた」となっているのではないでしょうか。

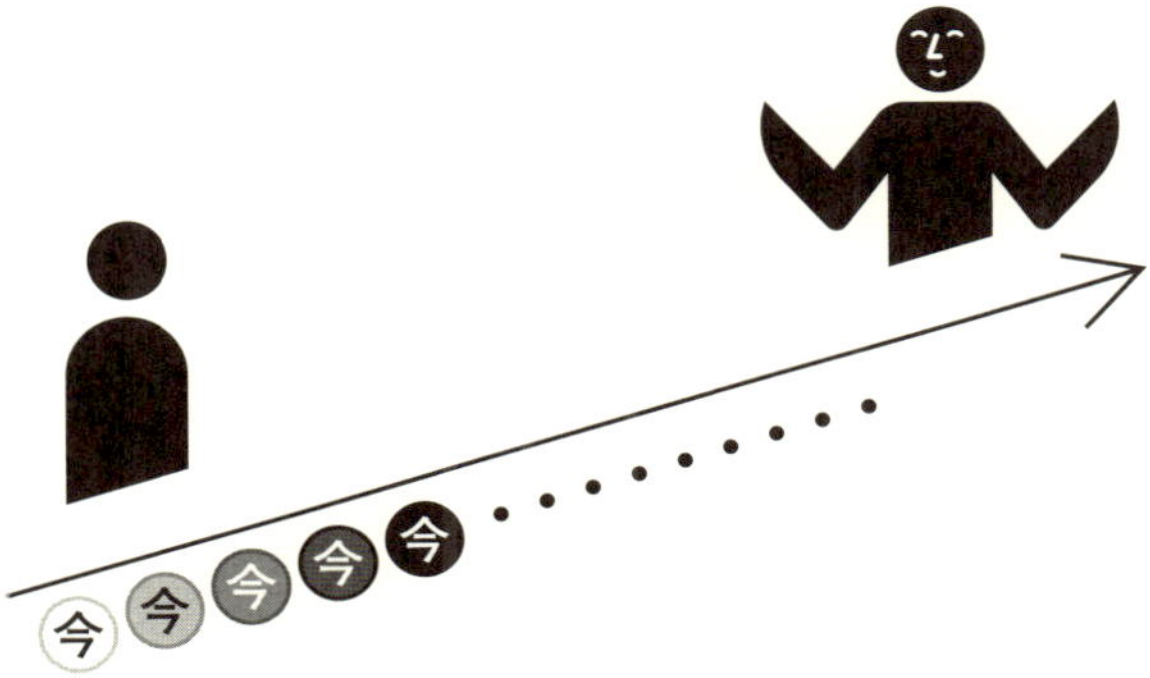

“今”に集中することが、結果を呼び込む

今に集中することに徹すれば、余計なことを考えなくなります。「只今の一念」というのは禅の極意でもありますし、悟りの境地、仕事の極意でもあります。

来た球を打つ。迎え打って、迎え打って、一日が終わる。気づけば一年、次に気づいたときには五年。そうすれば十年もあっという間でしょう。

あまり考えすぎず今に集中すると、精神のエネルギーの漏電が防げます。集中している人は、「不安」と「後悔」がとても少ない。この二つは、人生の二大漏電です。「あのときこうすればよかった、ああすればよかった」と後悔ばかりしていると、エネルギーが漏れていってしまいます。

将来に向けての不安も漏電です。将来の予測自体は知的作業ですが、そこに感情が貼りついて不安が大きくなると、エネルギーが漏れていきます。今に集中すれば、エネルギーがドーンとそこに向かうので、うまくいくのです。

前の失敗をひきずり、次の失敗を恐れるのが普通の人間ですが、禅では「前後裁断」と言って、その思いを切断します。そして、今しかないと考える。前も後ろもなく、今しかないという境地は、宮本武蔵などの武術の達人も心得ていたものでした。

今、この瞬間がそのとき

大事なことが繰り返し出てくるのが、『葉隠』です。

今を大事にする、という思いはことさら大切にしていたようで、「一念々と過ぐす迄《まで》なり。（聞書第二、二〇）」「唯今がその時、その時が唯今なり。（聞書第二、四七）」といった言葉がたびたび出てきます。

唯今というのは、「今、この瞬間がそのときである」という意味です。以前、「その時歴史が動いた」というテレビ番組がありましたが、「あとから思えばあれが、いざというときだった」ということはよくあります。

ところが「いざというときはやる」と口では言っていても、いつが「いざ」なのかわかっていない人がいます。たとえば学生たちを見ていると、就職活動中に何となくボーッとしている人が毎年いる。みんなが必死で動いているのに、なぜか「これでいいのか？」と思い悩んでしまい、時間を無駄に過ごしてしまうのです。

「思い悩むのはあとにして、とりあえず内定を取ってきなさい。悩むのはそれからでいい」と言うのですが、活動する前に「ここもイマイチ、ここもイマイチ」と思って動けなくなっているんですね。そのうち就職活動期間は終わってしまいます。

そのときを見逃さないためには、いつも「今がそのとき」と思っておく。「自分の人生を決めるのは今なんだ、そのときが来ているんだよ」という意識を常に持つことでしょう。まだそのときが来ないと思っていると、タイミングを逃します。

江戸時代、殿の御前に出てものを申す奉公人は、この気持ちが非常に大事でした。常に、よどみなく仕えるよう構えておけということでしょう。

武士はいつ死ぬかわからないし、対応を間違えれば切腹を申しつけられることがある。特に戦いの場面では、「今」という意識が薄いと生き残れませんでした。

悲しみも喜びも心にとどめるな

不慮の事出来て動転する人に、笑止なる事などといへば、尚々《なおなお》気ふさがりて物の理も見えざるなり。（聞書第二、五六）

——思わぬ不幸にあってうろたえている人に、「お気の毒なことで」などと言うと、ますます元気を落として物の道理がわからなくなるものだ。

行った先で得られる幸せ

不幸にあった人に「お気の毒です」と言うとますます気がふさがるので「かえってよいなりゆきではないか」などと言って、相手の気を奪うくらいがいいと書かれています。

このあたりは、武士のすごいところです。一寸先もわからない世の中なので、悲しみも喜びも心にとどめるべきではない、と言うのです。

たとえば試験に落ちて、浪人することになったとします。今は浪人率が非常に低くなって、浪人生が激減しています。しかし、昔のようにたくさんいた時代は、浪人の覚悟など

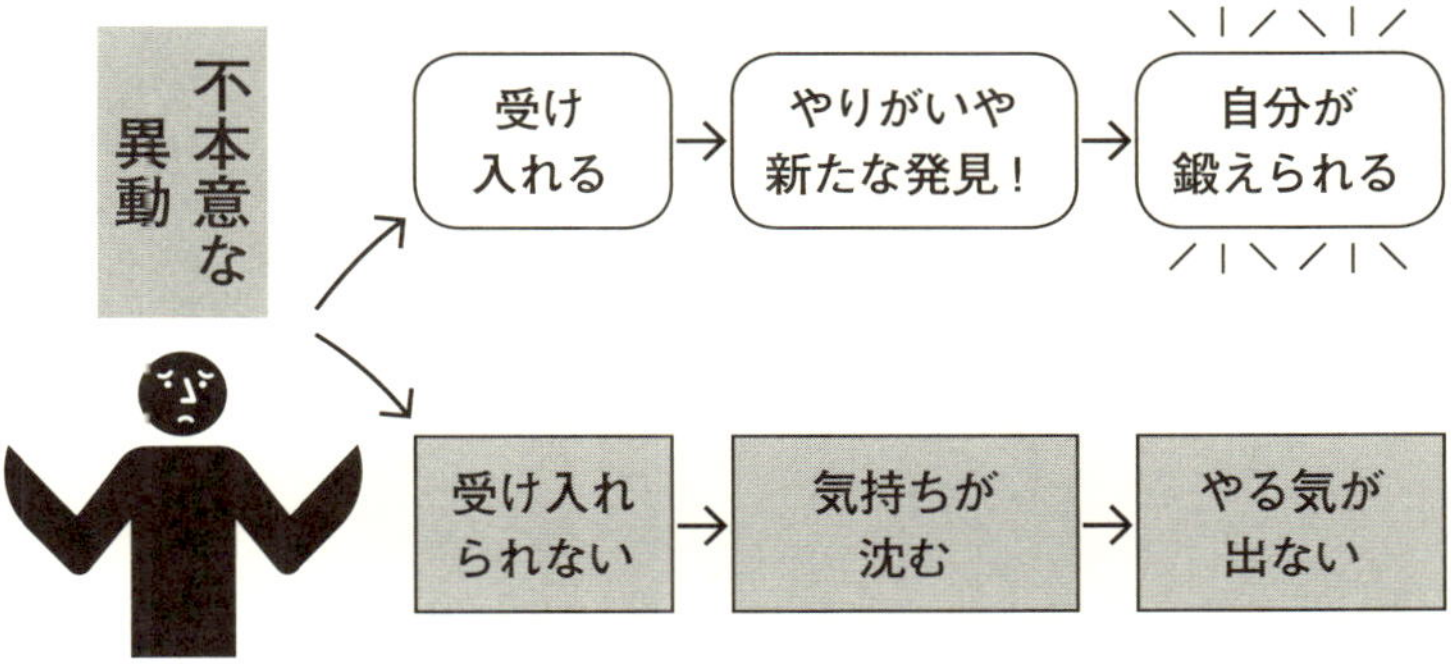

現実をしっかり受け入れよう

が伝授されていました。

不合格だった人に向かって「浪人しているときのほうが人生について深く考えられる」とか「ここからが本当の勉強だ」とか「自分は浪人してよかった」という先輩がどこにでもいたものです。

江戸時代流に言うならば「落ちたのもかえってよき仕合せ」ということです。

思い通りの大学に行けなかったとしても「こちらの大学でいい先生に出会い、研究テーマが見つかった」とか、自分が望む会社ではないところに行ったとしても「やりがいがあって結果的によかった」とか、行った先で得られる偶然があるわけです。

神経を太くする

偶然をかき集めて必然にするのが、「仕

合せ」に生きていくコツです。

そうすると、「自分は本来望んではいなかったけれど、こちらのほうがよかった」ということになる。偶然を集めて必然にしていくには「受け入れる」ことが重要です。そうしないと悲しみの中に漂ってしまって、いつまでも抜け出せません。

これを言い換えれば「とどまる」ということ。とどまってしまうと、人生は開けません。現実を受け止めて「よき仕合せ」「よいめぐり合わせ」だと考えれば、「ふられる」というのもよいめぐり合わせだと考えられます。縁がなかった人と長々とつきあうよりも、さっさと次の人のところへ行けばいいのです。

無神経だと思われるかもしれませんが、昔の人は神経をあまり細くせず、太く強く生きようとするところがありました。悲しいことがあっても「それもまた、よきめぐり合わせである」と図太く生きていたのです。

神経を太くするというのは、今の若い人にとっては、とりわけ必要な課題です。神経が細いと生きていくのが大変なので、細かいことを気にしがちな人は、この考え方を身につけるといいでしょう。

異動を命じられて閑職となれば「暇もいいものだ」と思い、下積みや縁の下の力持ちとなることも「自分を鍛える仕事だ」と思う。気分的にはしんどくても、華やかではない世界を知ることは大切です。

誰もが死ぬ運命

貴《き》となく賤《せん》となく、老となく少となく、悟りても死に、迷ひても死す、さても死ぬ事かな。我人《われひと》、死ぬと云ふ事知らぬではなし。

（聞書第二、五五）

──貴賤の別なく、老若の別なく、悟っても死に、迷っても死ぬ。ともかく人間は死ぬのだ。われも他人も、死ぬということを知らないはずはないではないか。

面白く楽しく生きよ

どんな人であっても、死はやってくるものだ。覚悟をしなさいと記されています。

織田信長は出陣前に「人生五十年、下天《げてん》のうちをくらぶれば、夢幻《ゆめまぼろし》のごとくなり。ひとたび生《しょう》を得て滅せぬもののあるべきか」と謡《うた》いながら舞ったといいます。

これは「人間の一生はしょせん五十年にすぎない、夢の中の戯れのようなものだ。命あるものはすべて滅びてしまう」という意味です。だから、思い残すことなく、面白く生きたいという意識だったのでしょう。

人間というのは、すぐに死んでしまうはかないものだ。そのように意識してちゃんと生きろ。準備をしておけ、というのは武士としての当然の心得でした。

人生は想像以上に短い

常朝は「人間一生誠にひたたの事なり。すいた事をして暮すべきなり。夢の間の世の中に、すかぬ事ばかりして苦を見て暮すは愚なることなり。（聞書第二、八五）――人間の一生は、まことに短いものである。好きなことをして暮らしたらよい。夢を見るようにあっという間に過ぎてゆく世の中を、嫌いなことばかりして、苦しみながら送るのは愚かなことだ」とも述べています。

「ひたた」というのは、短い時間、わずかという意味です。短い時間だからこそ好きなことをやって暮らせと言うものの、常朝は「若い人に悪い意味で勘違いされるといや」なので、あまり表だって言わない極意だとも語っています。

そして驚くのは、このあとに「自分は寝ることが好きである」と、正直に話しているところです。武士の心得が綴られた『葉隠』とは思えない言葉ですが、この世は短くはかないという認識で語っている。奉公も一生懸命やるべきだが、じつは好きなこともやったほ

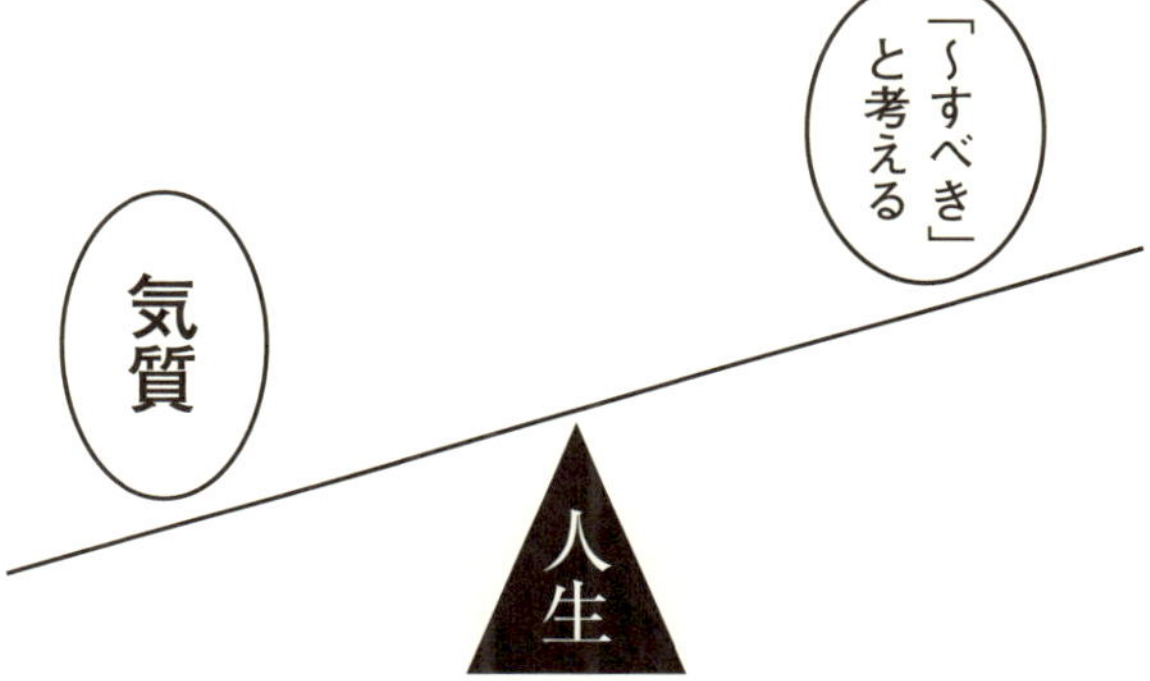

自分のスイッチが入るものを見つけよう

うがいいと言うのです。ストイックな武士の世界ですが、ちょっとホッとする気持ちにもなりますね。

アガサ・クリスティーの小説に『春にして君を離れ』（中村妙子訳、クリスティー文庫）というミステリーがあります。名探偵ポアロなどとはまったく違った主婦が主人公の物語で、その主婦が旅に出ていろいろなことを思い返します。自分は家族のためによかれと思っていろいろなことをしてきたけれど、考えるほど疑念がわいてくるという、主婦の心の深淵をのぞくような名作です。

物語の中で、主人公の夫は「男というのはやりたいことをしないと、自分の人生にはならない」と語ります。彼はもともと農場をやりたかったのですが、妻から「農場では先行きが不安だから弁護士になってください」と言われて弁護士になりました。心の奥底で自分の人生を生き切れなかったという無念さが残っているのです。

生活に不安もなく仕事も成功した。しかし、一度きりの人生でやりたいことができなかったとの思いが残っているんですね。

ダンスのような仕事を

一生を悔いなく過ごすには、どこかで自分が「コレだ」というものを捕まえること。他人と比べるのではなく、自分のスイッチが入るものを見つけることが大切です。

仕事の選択は、大きなポイントでしょう。私の場合、大学受験のときには裁判官を目指して東京大学法学部に行ったのですが、途中で裁判官は自分の気質には合わないと気づきました。

今考えても、裁判官を謹厳実直にやっている自分を想像すると、無理があるなと感じます。「どうすべきか」だけを考えていたら、見失うことがあるのです。

卒業後の進路を決めなければならないとき、私は自分の気質と相談しました。

自分の開放的な気質にはどんなライフスタイルが向いているかを考えたとき、もっと自由に考えを発表したり、人に教えたりする仕事がいいと思ったのです。そして研究者、大学の教員となりました。とても気質に合っていて、考えを本にしたり、学生の前で持論を展開するのが、楽しくて仕方ありません。

今も1時間半の授業をやっていて疲れることがないし、いやだと思うこともありません。ダンサーがダンスをするように仕事ができるのです。

たとえば計算が得意な人なら、ダンスをするように計算ができるでしょう。自分が得意なものを見つけ、いくらやっても疲れない仕事を探せば、ストレスも減っていきます。

同じ会社の中でも「この仕事なら、わりと疲れない」ということがあるはずです。営業という仕事は非常に気疲れしそうですが、それだって性に合っている人がいます。やはり、自分の中の気質と相談していくことが大切でしょう。

誰もが死ぬ運命であると思えば、自分が納得できることを見つけてやっていくことができるのではないでしょうか。特別な仕事でなくてもいい。それぞれの気質に合った仕事でいいのです。

淡々と役割を演じる

世界は皆からくり人形なり。（聞書第一、四二）

――この世はすべてからくり人形のようなものだ。

からくり人形のような世界

この世に生きるすべての人はからくり人形で、糸で操られていると想像してみてください。「あの人はよくしゃべるなあ」「この人はよく食べるなあ」、そのすべてが操られているのだとしたら……。なんだか面白い気分になってきませんか。

「この世界は舞台。男も女も役者にすぎない」と言ったのはシェイクスピアですが、常朝はからくり人形だと言いました。

常朝は出家しているため、この世を外から俯瞰《ふかん》しているようなところがあります。武士の美学についても、「一心に身を捧げるというからくり人形かもしれない」と語り、次のときにはお盆の客となって、あの世に行ってしまうものだとも書いてあります。この世界

誰もが「役」を生きている

観も非常に面白いものです。

生きているとつらいことがたくさんありますが、からくり人形みたいに動いている世界だと思うと気が楽になります。儀式のように進んでいく会議や、通勤電車の中や、行列に並ぶときにも、からくり人形になったと思ってマシンのように動く。そうすれば、疲れることがありません。

何でも真剣にとらえすぎると追い詰められるので、こうして突き放した目で見て、それぞれの役割を果たしていくといいのです。

ある場所では店員として気をつかいながら働いている人も、別の場所では客になりサービスを受けていますね。人は社会の中で、それぞれの役を生きているのです。

それぞれが、からくり人形のように役割

を果たしていくのが世の中だ、という常朝の世界観は、気持ちを楽にしてくれるものでもあります。

自分の力ではどうにもできないこともある

からくり人形という言葉は、なかなか興味深い言葉です。

聞書第二でも「何とよくからくった人形ではなきや。糸をつけてもなきに、歩いたり、飛んだり、はねたり、もの迄《まで》も言ふは上手の細工なり。（聞書第二、四四）——人間というものは、何とうまく作りあげたあやつり人形ではないか。糸で操っているのでもないのに、歩いたり、飛んだり、跳ねたり、口まできくというのは、いかにも名人の細工である」と、再び出てきます。

「運を天に任す」とか「人事を尽くして天命を待つ」という言葉も、自分のやれることはやってあとはお任せしようという考え方です。運命とはいかんともしがたいものなので、あとは天に任せてみるのです。

リチャード・ドーキンスは『利己的な遺伝子』（日高敏隆他訳、紀伊國屋書店）の中で、人間を遺伝子の乗り物として描きました。これを読めば、「そうか、ＤＮＡに乗っかられているのか」「人間は乗り物なんだ」と思って、また少し気が楽になります。これも一つのからくり人形の世界。人間の見え方も変わってくるでしょう。

違うＤＮＡと個性を持った人たちが、全員でもみ合いながら生きていくのが世の中です。からくり人形が様々な演目に出演し、役目を終えたら去っていく。そう達観することで、むしろこの世の大切さがわかるのではないでしょうか。

生き方の美学

不足の人に添《そ》ひ候は恥になり申さず。一度《ひとたび》夫婦となり、女の方より離別し、又二度夫を持ち候事《そうろうこと》は不義にて御座候《ございそうろう》。（聞書第五、三九）

――気に入らぬ人に縁づいているということは恥にはなりません。一度夫婦になって、女のほうから別れ話を出した上に、もう一度、夫を持つということは不義ということになりましょう。

恥の基準を持つ

光茂公の長女お仙様は、結婚相手があまりよい人ではありませんでした。光茂公は気に入らず、一度戻らせて別の人と結婚させたいと思っていました。

しかしお仙様は「気に入らない人に縁づいているのは恥にはならない」と父親に向かって言います。「女のほうから別れて新しい夫を持つということこそ、不義ではありませんか。だからお父様、そのようなことはおっしゃらないでください」と、光茂公のほうがた

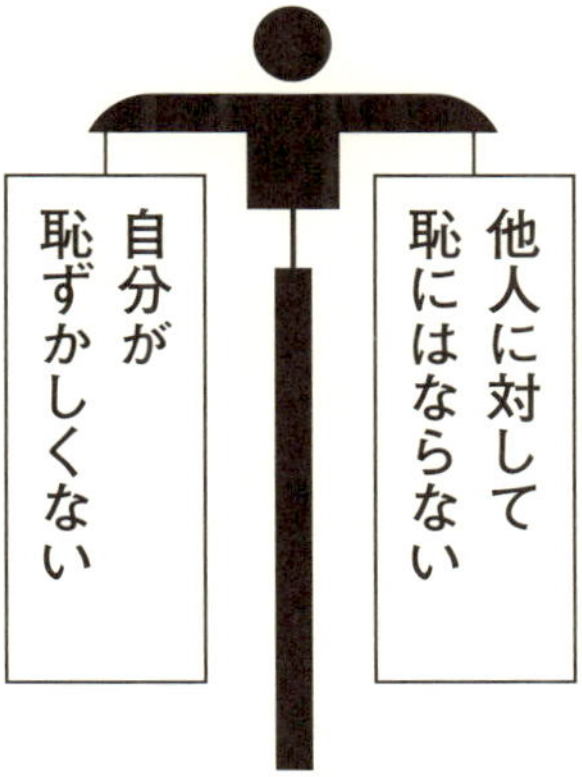

どちらも必要な「恥」の基準

しなめられてしまうのです。

当時、娘たちの多くは親の言いなりだったでしょう。しかも光茂公は殿様です。その父親に向かってこれほどはっきりとものを言うお仙様は、しっかりしていますね。

彼女の価値観に「恥の概念」があります。父の気に入らない人であったり、不足があったりしてもそれは自分の恥にはならない、自分勝手に別の人と結婚するほうが恥だ――。恥の基準を持って生きているのです。

当時の人は、美学として「恥をさらさない生き方」を中心に据えていました。美しく生きよう、美しく生きようとしていたのです。他人に対して恥にならないように生きることが大事で、恥になるくらいなら死んでみせるというくらいの考えで生きていました。男性に振り回される立場のように見えながらも、こうして女性がはっきりとものを言うのは、印象的です。

ベストを尽くせば評価は気にならない

先にもふれましたが、「人事を尽くして天命を待つ」という言葉にあるように、自分のやるべきことは尽くしてあとは天に任せるというのは、一つの美学です。

たとえば私の場合、試験勉強をやるだけやって、合格不合格が気にならない境地に立ったことがありました。それくらい、ものすごく勉強をした。だから、結果が気にならないのです。友人にも「悟ったようだな」と言われたほどでした。

誰にでも「やり切ったなあ。あとは天が決めることだ」と感じたときがあると思います。何事も、自分がやれる限りのことをやる。評価は別問題、と分けて考えるだけでも気持ちは楽になります。

お仙様の結婚した相手がいまひとつの人でも、それは彼女のせいではありません。それよりも、自分ができることをやっていく。その都度、目の前のことにベストを尽くしていく生き方はすっきりとしています。

また、他人が決めることで悩みすぎるのもよくありません。たとえば採用や出世は人が決めること。自分のこととして気にしすぎるのは間違っています。対策を立ててやるべきことをやっていく。チャンスを逃さず来た球を打っていくと、経験知が増えて心の余裕も出てきます。

『菊と刀』（長谷川松治訳、講談社学術文庫）を書いたルース・ベネディクトは、「日本は恥の文化」だと言いました。西洋の概念は絶対的な罪の文化。それに比べて人と人との間で恥を感じるのが日本の文化と解釈されがちです。しかし、それだけではありません。

恥とは生き方の美学なので、人に対して恥ずかしいというだけではない。自分自身に対して恥ずかしい、生き方として恥ずかしいという思いが含まれています。人に見られて恥ずかしいというだけでは、浅いとらえ方と言わざるを得ません。

誰かが見ているから恥、ではない。生き方としてちゃんとしているかどうかです。

この時代は、武士だけではなく女性たちも、深いところで恥をとらえ、「恥の美学」を持っていました。

男性の女性化

さては世が末になり、男の気おとろへ、女同前になり候事と存じ候。今時分の男を見るに、いかにも女脈にてあるべしと思はるるが多く候。あれは男なりと見ゆるはまれなり。（聞書第一、三六）

――さては世も末となって、男の気質が衰え、女同様となってしまったものと考えられる。いまどきの男を見ると、いかにも女脈に違いないと思われるような男が多く、あれはたしかに男だと思われるのは少ない。

時代時代で男女の在り方は変化していくものですが、江戸時代から「男が女のようになっている」と言われていたのは面白いなあと思うのです。

覚悟を決めて雨に濡れる

初めより思ひはまりて濡るる時、心に苦しみなし。（聞書第一、七九）

――はじめから覚悟を決めて濡れたときは、不愉快な思いはしない。

雨に濡れまいとして走っても、結局は濡れてしまうものです。しかし最初から濡れると覚悟していたら、苦しい気持ちにはなりません。実際の雨だけではなく、人生には大雨が降ることもあります。自分の力ではどうにもならないことが起きるのです。

弱気にならない

武士は、仮にも弱気のことを云ふまじ、すまじ。(聞書第一、一四三)

――武士は、かりそめにも弱気なことを言わない、しない。

武士には言ってはならない言葉があったのですね。そして、心の底を見透かされないように注意をし、人に遅れを取らない心構えでいろということでしょう。

武士と美少年の生き方

武勇と少人は、我は日本一と大高慢にてなければならず。道を修行する今日の事は、知非便捨《ちひべんしゃ》にしくはなし。(聞書第二、三二)

――武勇に優れた者と美少年は、自分こそは日本一だと大高慢でなければならない。しかし、道を修行中の現在は、仏が「知非便捨」と言うように己の非を知ったらすぐに、これを改めるのがいい。

『葉隠』では、武士は謙虚であれと繰り返されますが、「自分こそは日本一という気概を持て」というのが面白いですね。また、美少年も同じように「大高慢にてなければならず」という表現も面白いものです。

第二章　大人としてのたしなみ

智・仁・勇を持て！

内には智《ち》仁《じん》勇《ゆう》を備ふる事なり。（聞書第二、七）

――身を修めて智・仁・勇の三徳を備えることだ。

難しく考えない

「智・仁・勇」というのは、論語で大切にされている三つの徳です。この三つを兼ね備えることは、凡人には大変だと思うかもしれません。でも、じつは簡単なことだと解説されています。

「智」とは人に相談すること。「仁」とは人のためになること。「勇」とは歯を食いしばること。そう考えると、誰にでもできそうなことに思えてきますね。

孔子も「仁、遠からんや」と言っています。仁とは遠いものではない。仁を思えばここに至る。自分には無理だと思わないでこの三つを心がけていると、身についてくる。智仁勇を備えた人は、身近にも案外いると気づかされます。

「智」「仁」「勇」でバランスのとれた生き方をしよう

徳を遠くのものとしないで身近なものにし、「今ここに、智があるよ、仁があるよ、勇があるよ」という気持ちで過ごすといいでしょう。人のためになることをするのが仁ならば、日本人の多くが仁を持っています。実践的に考えるのが、一つのヒントです。

私は最近、この「智・仁・勇」を体の三つの場所に対応させることを思いつきました。智は、眉間の上、前頭葉に当たるところ。正しい判断力は、ここです。仁は、真心なので胸。勇（勇気と行動力）は、おへその下、臍下丹田です。それぞれに手を当てながら、「智・仁・勇！」と声に出して言うと、孔子の言う三徳が体になじんできます。

欲望、怒り、愚かを抑える

「智・仁・勇」とは正反対の、気をつけるべき三つのこととして「貪《どん》・瞋《じん》・痴《ち》と、よく選り分けたるものなり。世上の悪事出来たる時、引き合ひて見るに、この三箇条に迦る事なし。（聞書第二、九〇）――貪（貪欲）・瞋（怒り）・痴（愚か）の三毒とは、よく分類したものである。世間に悪事があったとき引き合わせて考えてみると、この三カ条に外れることがない」とあります。

「貪（貪欲）」とは、満足を知らず次から次にほしがること。欲望を胸に収めなければ浪費は止まりません。「瞋（怒り）」とは、ちょっとしたイライラのこと。心をスッと収める必要があります。「痴（愚か）」というのは判断が間違っていたり、変なこだわりを持ちすぎること。

昔はこの三つを「貪・瞋・痴」と言いました。世の中の悪事は、だいたいこの三つが原因を作っています。

たとえば盗みや詐欺などは、貪欲が理由です。ちょっとしたことで怒って報復したり、なぜこんなバカな犯罪に引っかかるのかというケースもある。たいてい「貪・瞋・痴」を探っていけば決着がつきます。

犯罪を起こす人たちに足りないものは、「智・仁・勇」です。「智恵」と「優しさ」と「勇気」。よいことは、たいていこの三つでできあがっています。

ほとんどの人は犯罪にも訴訟にも関係なく生きています。それは、多くの人が、心の中に「智・仁・勇」を持っているからです。普通に暮らしていれば、あまり大きな問題は起きません。しかしどこかで変なことが起きるときは、「貪・瞋・痴」の三毒に侵された人がいるのです。

日本は、国際的に見ても「智・仁・勇」が浸透している国だと言えるでしょう。ところが、三毒が非常に多い国もあって、そういうところでは刑務所に人があふれています。日本人の自己コントロール能力は高いレベルにあるので、怒りにくく穏やかな国民性です。そういう意味では死刑廃止論者が多くなってもいいと思うのですが、世界的に見ると死刑に賛成する人が多い国でもあります。

こんなに穏やかな国なのに、「死刑にすべき」と主張する人が多い。なぜかと考えると、自分はそのような罪を犯すはずがないと自信を持っているからです。自分は重大な罪を犯すはずがないし、殺人者は同じ人間とは思えないので、共感できないのでしょう。

「智・仁・勇」を忘れないためには、体の三つの場所に時折手を当てて、「智は大丈夫か？」「仁は？」「勇は？」と自己チェックすると、三徳の意識が習慣化すると思います。

お金も気持ちも体験も出し惜しみしない

始末心《しまつごころ》これある者は義理欠き申し候。義理なき者はすくたれなり。

（聞書第一、六三）

――しまり屋は、しばしば世間の義理を欠く。義理に欠ける者は、卑劣な人間だ。

倹約しすぎは人間関係を壊す

ケチはよくない、自分が苦しくなっても我慢して義理を果たすことにお金を使いなさいと書かれています。

今は、義理という感覚が薄れてきていますが、出し惜しみしすぎると人間関係を壊すのは、昔も今も変わらないかもしれません。

最近は男女間でも、男性が出し惜しみするあまり、デートで割り勘が当たり前になっているのですが、女性の中には不満を持つ人もいます。男性は、ケチというものがじつは自分の運命を大きく妨げているとは気づいていません。

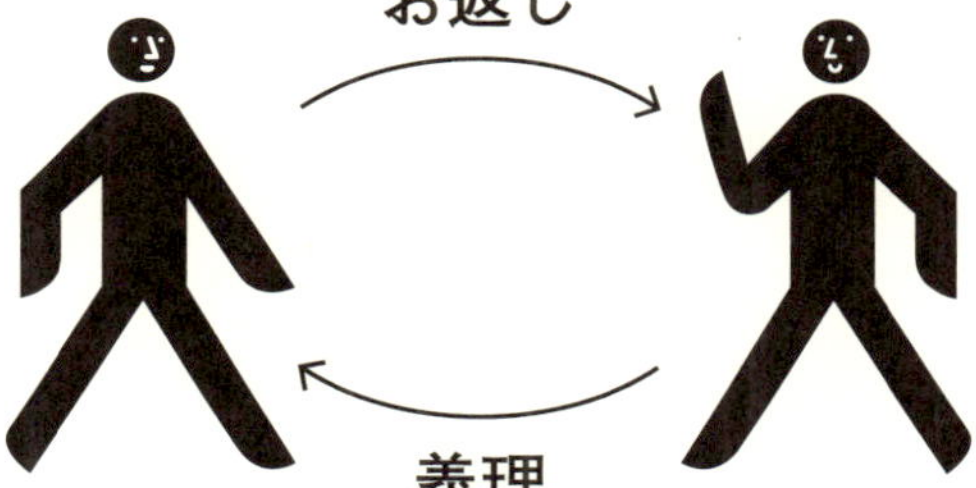

「気前がいい」と、人との関係がよくなる

ケチな人が嫌いだという女性は、意外に多くいます。しかし、金銭感覚がない人も嫌われます。金銭感覚はあるけれど、自分に対してはケチではないことを求めているのです。

女性たちは、金使いの荒い男性だと不安ですが、自分に対してケチではないことが証明されたら、その人と一緒になることを考えます。「ここは倹約したほうがいいよ」とアドバイスするようになります。

一方で、ケチくさい男だと思われたら、器が小さいとか自分に対する思いもないと受け取られてしまう。結婚を考えたときには、女性はむしろ「共に倹約しよう」という気持ちになるのですから、それ以前にはケチくさい人間だと思われないように、ちゃんと義理を果たせということが、男女関係においても通用します。

なぜ、こんなことを口を酸っぱくして言うかというと、これでうまくいかなかったケースを私は結構見ているからです。学生の場合は男女の区別があまりありませんが、女子学生からはよく不満の声を聞きます。学生といえども、そこはひとつ男が頑張ったほうがいい。義理というと変ですが、男の甲斐性を見せてほしいのです。

使ってこそ価値がある

テレビ番組「ダーウィンが来た！」で、マイコドリという鳥が取り上げられていました。マイコドリの雄は、雌の気を引くために一～二年かけてダンスの練習をして雌の前で踊ります。しかも、師匠の雄について習い、一緒に踊ってみせるのです。

二羽で踊って、弟子の雄が間違えると雌はサッと飛び立ってしまいます。それは、きわめて厳しい世界なんですね。上手に舞うことこそ、男の器量であり甲斐性である。ミスをした瞬間に雌が飛び去る映像を見たら切なくなってしまいました。遺伝子を残すのは、それほど厳しいのです。

何かを得ようとしたら、自分の身を削るような努力が必要です。それだけではなく、周囲の人と円滑に暮らしていくためにも、持っているものは使ったほうがいい。

私は、自分の経験から得たことや、学んで得たことも、「もったいない」と思わずどんどん人に伝えるようにしています。どうすれば試験に受かりやすいか、どうやったら本を書けるかなど、自分が苦労してつかんだ奥義のようなことから、三色ボールペンを使うことまで、とにかく全部情報公開しているのです。

『声に出して読みたい日本語』（草思社）を出版したあとには類書がたくさん出ましたし、他の本の場合も似たようなことがありました。真似されたとしても、それはそれでいい。特許があるわけではないのですから。私も先人の恩恵を受けて、仕事をしています。

出し惜しみしないというのは、大事なことです。自分で抱え込んで後生大事に持っていても、よいことなど一つもありません。情報公開は世間への義理を果たすことにもなるし、自分の心も軽くしていると思うのです。

「忙しい」と口にしない

徳ある人は、胸中にゆるりとしたる所がありて、物毎《ものごと》いそがしきことなし。小人は、静かなる所なく當《あた》り合ひ候て、がたつき廻り候なり。（聞書第二、一〇四）

――徳のある人は、心の中にゆとりがあって、物事を運ぶにも急ぐところがない。徳のない人間は、落ち着いたところがなくて、衝突ばかり繰り返し、争い回るものだ。

ゆったりと構える

「ゆるりとしたる所」というのは、武士の心持ちとしてとてもいい感覚です。胸が落ち着くという言葉も、江戸時代はよく使っていました。

仕事のできる人は、その人の周辺だけ静かな時間が流れているように見えます。忙しいのに、どこかゆるりとしたところがあるからです。

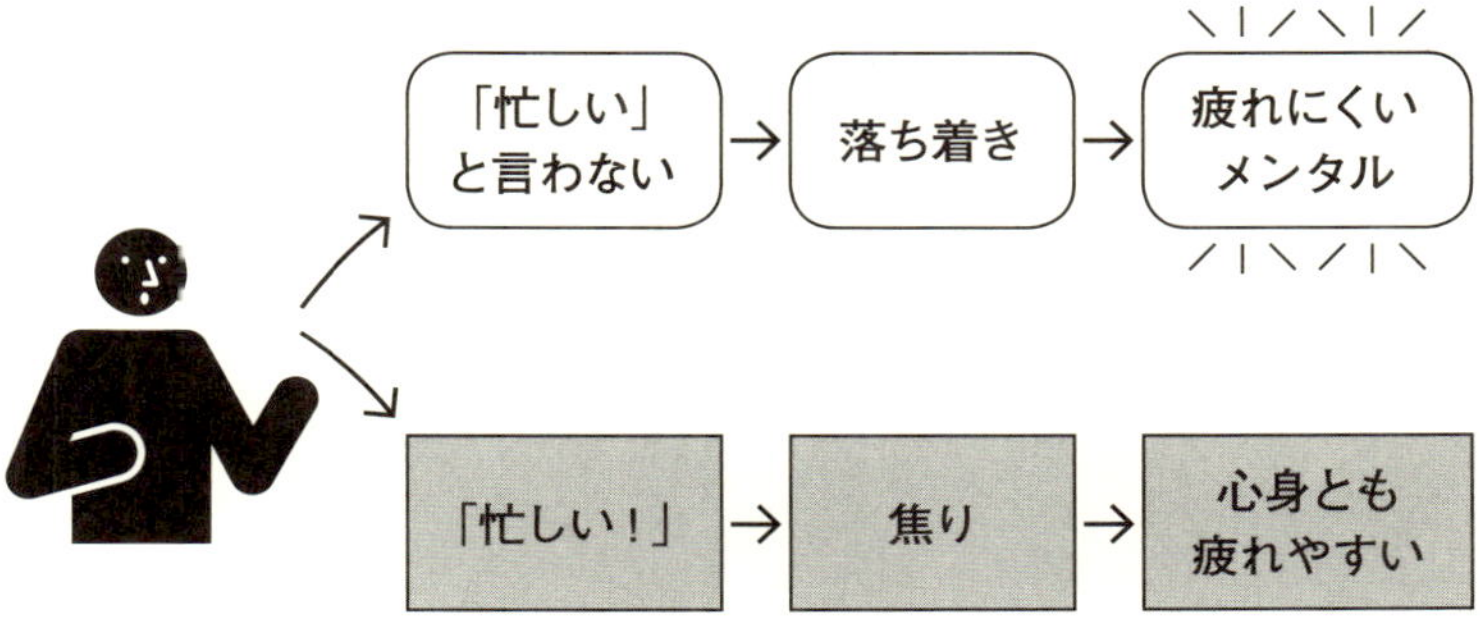

ぐっとこらえれば、気持ちも楽になる

「忙しい？」と聞かれたときには、「いや、そうでもないよ」と答える練習をしたほうがいいと思います。

特に二十代、三十代のうちは、聞かれもしないのに「忙しい忙しい」と言って忙しさをアピールをする人がいる。「忙しくて寝ていない」などと言いますが、そういうのは「がたつき回っている」落ち着かない人です。

どんなに忙しくても、なんでもないと涼しい顔をしている人のほうが、ずっとカッコいいものです。「別に大したことないんだけどなあ」という気持ちをいつも持っていること。これもメンタルの問題でしょう。

私も、「ゆるりと構える」練習をしたことがあります。呼吸を静かにしておき、脈拍を落として、周りのものをゆっくり見るように訓練するのです。呼吸が早くそわそわしていると、いつも緊迫した状態になります。まず息を吐き切って、胸の中をゆるりとすれば、ガタガタしなくなるでしょう。落ち着いて、「さして忙しくない」と言いながら、涼しげな顔で事をなす。そのうちそれに慣れてきます。仕事がたくさんあっても、何でもない顔でやってのける練習をしてください。

どんなことにでも楽しみを見つける

『葉隠』ならではの表現に、こんな面白いものもあります。

「伝授とては御座なく候。馬に乗りたると存ぜず、畳の上に座し候心持《こころもち》にて候へば、すこしも草臥《くたび》れ申さず候。(聞書第五、六六八)――お教えするほどのことではございません。馬に乗っていると思わないで、畳の上に座っているつもりでいれば、少しもくたびれることはありません」

道中、馬に乗ってくるのは大変なものですが、光茂公は佐賀から江戸までやって来たようです。

私はたまに八ヶ岳などで馬に乗るのですが、少し乗っただけでも翌日は筋肉痛で、足腰が非常に鍛えられる感じがします。それなのに佐賀から江戸までとは！　昔の人の行動には驚かされることばかりです。

「一日や二日でも難儀なものなのに、どうしたらそんなことができるのですか」

ある人が聞くと、光茂公はこのように答えました。

「馬に乗っていると思わず、畳の上に座っていると思えばくたびれない」

さすが。これが、『葉隠』の世界です。

要するに、気の持ちようということです。畳だと思えば、感覚もそうなって疲れることもない。このメンタルの強さが武士ですね。なんでもないことのようにやってのける。本当にすごい人は、涼しい顔をしてこういうことを言えるのです。

「大変だ、大変だ」と言いながら仕事をしている人は、「お尻が痛い」とか「これじゃあ痔になっちゃうよ」と言い続けているようなもの。ちょっとしたことで大騒ぎになるでしょう。しかし、殿様は人の模範になるようなメンタルの強さを持っていました。

言霊の力

光茂公の言葉は、応用が利きます。

「なぜそんなに忙しいのに元気なの？」

「なんということはありません。趣味と思えば、くたびれません」

「遊んでいると思えば」とか「テレビを見ているような気持ちで」などと言いながら仕事をやってしまう。そうすると、本当に疲れにくくなるかもしれません。

大学の先生の中には、研究や論文は趣味でやっているという人が多くいます。先日も脳科学者の池谷裕二《いけがやゆうじ》さんと一緒にお酒を飲んでいたら「昔から勉強が好きだったんです。論文は読むのも楽しいし、書くのも楽しいですね」と語っていて、「それはくたびれないでしょう」と話しました。

どんな仕事でも、楽しみや趣味だと思うとつらくない。そう考えると、疲れにくいメンタルが育っていきます。

宮沢賢治は教職を去るとき「わたくしは毎日を鳥のやうに教室でうたってくらした／誓って云ふがわたくしはこの仕事で疲れをおぼえたことはない」(「生徒諸君に寄せる」)という言葉を残していきます。これが最高です。

年齢と体力に合わせる

四十より内《うち》は強みたるがよし。五十に及ぶ頃はおとなしくなりたるが相應《そうおう》なり。（聞書第一、一四九）

——四十歳までは何事も強く進み出るといい。しかし五十歳が近くなると控えめにするのがふさわしい態度だ。

四十代のギアチェンジ

四十歳になるころまでは、武士も血気盛んで前へ前へと、向こう傷を追いながら進んでいきます。しかし、五十歳ごろにはちょっとギアチェンジをして落ち着くのがよいと書かれています。人にもよると思いますが、おそらく多くの人は四十代でギアチェンジが起こるのではないでしょうか。

今の時代に生きる私たちも、体力の衰えを感じるのは四十代前半です。三十代の半ばごろまではほとんど衰えを感じませんが、四十歳を過ぎると「あれ？」と思うことが増え、そろそろ来たなと感じるはずです。

髪に白いものが混じるようになったり、目のピントが合わなくなったり、集中力が続かなくなったり、徹夜ができなくなったり、お酒の量が減ったりする。そして、五十歳を過ぎると「三十代のときとはずいぶん違う体になるのだなあ」と実感します。それが普通です。

もちろん、トレーニングを続けて若さと元気を保つ人もいます。一生筋肉をつけて若さを保つのはいいことのように思いますが、私は自然の体の移り変わりは、それはそれとして受け止めることだと考えています。

年齢と体力に合った仕事を、ペースを変え、質を変え、取り組み方を変えて、ギアチェンジしながらやっていくのです。年齢に合わせて変化するのは、それほど悪くありません。徹夜ができなくなったときが、一つの分かれ道。ギアチェンジするときです。

老いたら熟練工になる

さらに進んだ言葉として、「衰へたるとき、本體の得方《えかた》が出て恥かしきものなり。六十に及ぶ人の老耄《ろうもう》せぬはなし。せぬと思ふところがはや老耄なり。(聞書第一、一六八)――衰えてくると、本来の性質が出てきて、恥ずかしい思いをするものだ。六十歳にもなると老いぼれない者はない。自分は老いぼれないと思っているところが、すでに老いぼれて

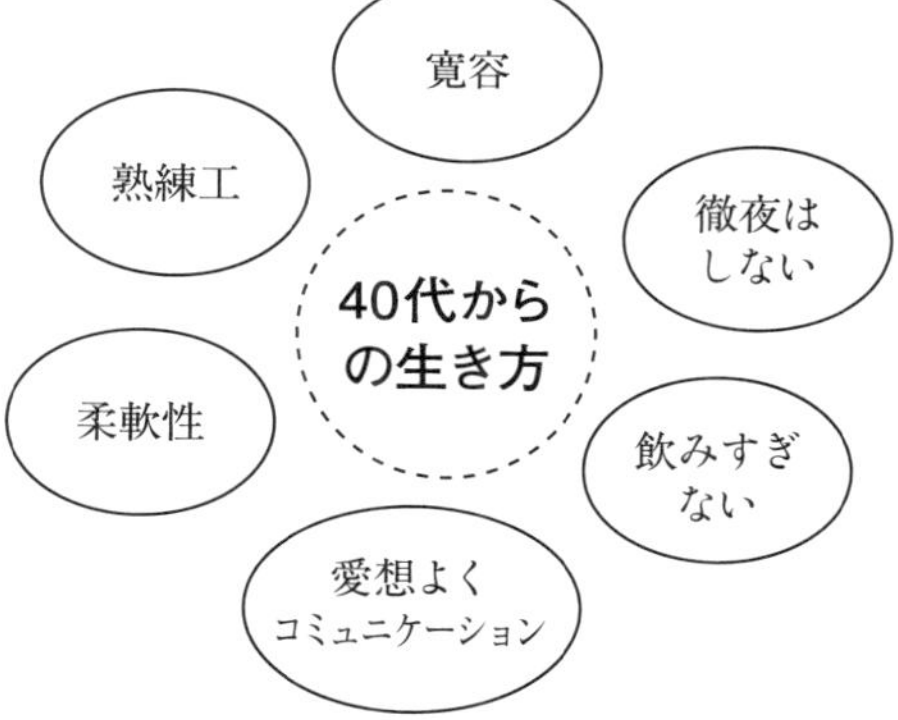

ペース、質、取り組み方を変えよう

いる証拠だ」があります。

人は衰えると、本来の性質が出てきてしまう。老いてはいないと思っているところがすでに老いている……とは、なかなか厳しい言葉です。

六十歳になれば、人は多かれ少なかれ老いてきます。若いときは気力で悪いところを抑えていますが、衰えると出てきてしまう。これは、私が身近な人を見ていても感じるところです。

若いころよりも「頑固になったな」とか「切れやすくなったな」という人が確かにいます。

年を重ねると、自制心を保つ機能が弱まるという研究もあります。それは少し悲しい知らせですが、誰でも年をとるのですから、気をつけなければなりません。感情コントロールが難しくなる場合があるからです。自分では若いと頑張っていても、周りから「イタイ」と思われることもあります。

これからの時代は少子化で働く人も減っていくので、高齢になっても仕事を続ける人が増えていくでしょう。そのとき、愛想よくコミュニケーションし、自説にこだわることなく柔軟に対応する。ある種の役割をこなす「熟練工」のような人であれば、七十歳になっても八十歳になってもまだまだ役に立つはずです。

熟練工になったときは、人が面倒だと思う仕事でもちゃんと引き受けるといい。役割の棲み分けを、上手にすればいいのではないでしょうか。

悟りのレッスン

一呼吸の中に邪《じゃ》を含まぬ所が、則《すなわ》ち道なり。純一になる事は、功を積むまでは成るまじき事なり。（聞書第一、三九）

――ひと呼吸の間にも、邪念を含まないのが道である。純一になるということは、修行を積まないとできないことである。

呼吸の道をマスターする

呼吸に集中し、息を吐いていくと、だんだん自分の気持ちが落ち着いて腹が据わってくる感じがします。

「悟り」の練習でもっとも易しいものは、自分の息を数えること。「数息観《すそく》」と言いますが、息を「ひと一つ、ふた一つ」と数えて、息にだけ集中していきます。こうすれば、邪念が入りません。

ヨガの呼吸法には、鼻の孔《あな》を一つずつふさいで、片方だけで呼吸する方法もあります。

片方をやったらまた片方、というふうに交互にやるのですが、これも呼吸に専念できます。息をふーっと吐いていくときに気持ちを整え、心を一つにしていきます。

テニスの錦織圭《にしこりけい》選手は、サーブを受けるとき、息を吐きながら待っています。口をすぼめてフーッと吐きながら待っている。時速二百キロくらいでサーブが飛んでくる。新幹線がいきなり飛んでくるみたいなものなので、よく打ち返せると思いますが、呼吸に集中することで、ボールにすべての力を賭けられるのです。

戦前のテニス選手である福田雅之助《まさのすけ》さんは、「この一球は絶対無二の一球なり」という言葉を遺しています。私が通っていた高校のテニス部室にもかかっていましたが、そういうふうにとらえるのが「道」です。次があると思わず、この一球がすべてだと思って全身で集中する。そうすれば、ゴルフであれ卓球であれ、何でも道になっていくのです。

集中力を養え

スポーツだけではありません。一心不乱に計算をする小学生も、その瞬間には邪念がありません。邪念が入った途端に答えを間違えます。邪念がないものが道なのです。

私の場合は、試験の採点のときなどに集中力が試されます。特に入試のときには文学部だけでも何千枚もの答案がある。何度もチェックして間違いがないようにしますが、このとき大事になるのが呼吸です。呼吸を整え、採点の項目に照らして、一点もないがしろに

息に集中

集中力を養うには、呼吸から

しないよう厳密に行います。採点という行為に没入できず邪念が入ると、意識が飛んで間違えてしまうからです。『葉隠』には「無念とは正念のことだ」という言葉もありますが、鋭敏に集中力が働いていることが、無念ということでしょう。

当時はこのように、日常の中に禅の和尚の話や呼吸の話があり、それが「道」として武士の間に共有されていました。それが無心や悟り、倫理観にもつながって、日本人全員の意識の中にあったのです。今の時代は、日本人の禅や呼吸に関する教養が極端に落ちてしまったことを残念に思います。

心を落ち着けるお茶

茶の湯の本意は、六根《ろっこん》を清くする為なり。眼に掛物・生花を見、鼻に香をかぎ、耳に湯の音を聴き、口に茶を味ひ、手足格を正し、五根清浄なる時、意自ら清浄なり。（聞書第二、一一八）

――茶の湯の本当の心は、人間の欲望を除いて、その根本を清らかにすることである。目に掛物や生花を見、鼻に香の匂いをかぎ、耳に釜の湯のたぎる音を聞き、口に茶を味わい、手や足の作法を正し、五感の根本が清らかなときは、精神もおのずから清らかになる。

ちょっと一服

これはご家老の中野数馬が語った言葉です。茶の湯の精神も武士の心得です。心を落ち着け、五感をすべて清くしてお茶に向かう。そうすれば、心も清くなっていきます。

お茶	お酒
・心を安らげる ・清らかさのスイッチ	・ストレスの解消 ・酔って打ちとける

お茶で落ち着いた時間を

コーヒーなどもいいのですが、日本人ですからたまには抹茶などを飲んで心を落ち着けるとよいでしょう。

中世ヨーロッパでは、飲み物といえばワインが中心でしたが、時代が近代になるにつれてコーヒーに変わってきました。酔っていい気分でいるよりも、頭を落ち着けて覚醒させる時代になったのです。近代の歴史は、嗜好品が変化してきた歴史でもあります。

日本のコーヒー消費量は世界的に見てもとても多く、世界三位くらいだそうです。そのかわり、緑茶の量は減ってきている。コーヒーはどちらかというと脳を活性化させるもの。濃いコーヒーを飲むことで、頭のスイッチを入れる人もいるでしょう。

一方、緑茶は心を安らげるものです。お

茶というのは日本人にとって心を落ち着かせる作用を持っているのです。そのお茶を、武士道と結びつけたところが、日本人の面白さです。

茶の湯をともにすることでわかり合うのは、戦国武将も同じでした。秀吉は派手好みで利休と対立したと言われていますが、二人は深いところでわかり合っていて、茶の湯の席を設けたりしています。戦に明け暮れる人たちが茶の湯を楽しむというのは、ひととき心を落ち着けようということでしょう。

私は静岡の出身なので、お茶を飲まない日がありません。お茶とみかんはタダだと思って育ったので、東京に来たときにはそうではないと知り驚きました。今も毎日よくお茶を飲みますが、やはり心がやわらぎます。

お酒を飲んで暴れる人はいても、お茶を飲んで暴れるということは聞きません。お茶は、やわらぎと、清らかさのスイッチが入るような気がします。

事に臨む準備としての「お茶」

この他にも「御茶道衆御茶を下さるべく候。一大事の申し事に候へば、得《とく》と落ち着き候て申し上ぐべく候。(聞書第四、六三)――お茶道の方々よ、どなたか茶を淹れてくださるまいか、一大事の説明であるから、心を落ち着けて申し上げたいと存じます」など、お茶の話はいくつか出てきます。

「一大事の説明をしたいから、心を落ち着けたいのでお茶を淹れてください」というところが面白い。お茶は当時、気持ちを落ち着けるものとされていました。一息ついて落ち着いて、事に臨む準備をする。熱くなった心を冷やし、冷静になるためのものでした。

戦国時代はお茶席が大切にされていて、利休を中心に信長や豊臣秀吉が戦国大名を集めてお茶会を開いた記録があります。荒ぶる魂をお茶で鎮めたり、大事なことがあるときにはまずお茶を、となるわけです。

私たちも、焦っているときやトラブルのときには、まずお茶を淹れて心を落ち着けてから話すのがよいでしょう。落ち込んでいるときこそ、お茶は大事なものになります。お酒を飲んで人と交わる方法もありますが、仕事の上ではお茶を飲んで落ち着いて話すことが大切です。

お茶は単なる飲み物ではなく、落ち着いた時間を過ごし、それを共有するところに意味があります。ですから私は、小学生の給食でも緑茶を飲むのが大事ではないかと思います。静岡では給食のときにお茶が出てくるのですが、他の地域は牛乳だけだと聞きました。牛乳だけというのはわびしい。日本人はもっと緑茶を大事にしたほうがいいと思います。

ムーミンママがきいちごジュースを出すように、何か行き詰まったときには「とりあえずお茶でも」というゆったりした心持ちでいる。一大事のときに「お茶道の方々よ」というのはよい話です。

自分を見つめる時間を取り戻す

武道は毎朝毎朝死習ひ、彼《かれ》につけ是《これ》につけ、死にては見、死にては見して、切れ切れて置く一つなり。（聞書第二、四八）

――武士道というものは本来、毎朝毎朝いかに死ぬべきかということのみを考えて、あのときに死ねば、このときに死ねば、と死の晴れ姿だけを想定して生に対する執着心を切り捨てておくことである。

常に準備万端に

「いざ、鎌倉」という鉢の木の話があります。私は小学校のとき、放送の時間に全校生徒の前でこれを朗読したことがあり、とても印象に残っています。

私はもっと軽い話がよかったのですが、割り振られたのがこの話でした。当時の私は勉強はできても学校でふざけてばかり。静岡の言葉で「おだっくい」と言うのですが、ひょうきんもので落ち着かないところがありました。

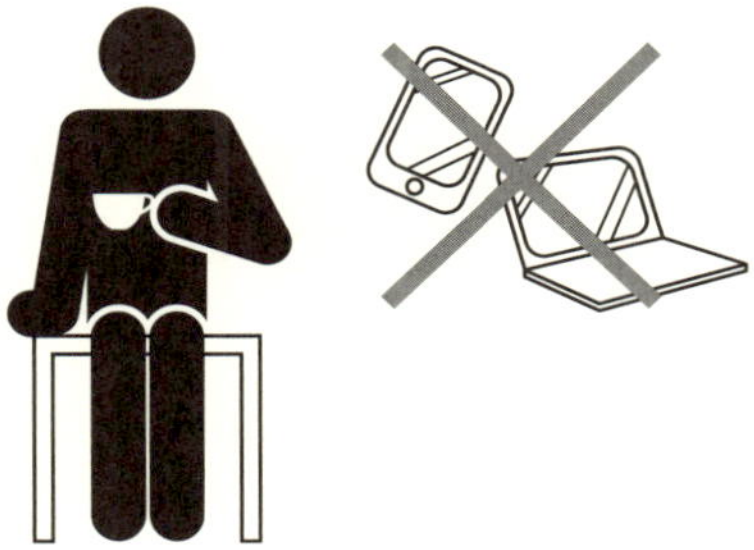

ひとりの時間＝脳、エネルギーの休息

私だけ、国立の中学を受験することになっていたので、先生にしてみれば「いざ、鎌倉」という意識を私に持ってほしいという期待もあったのでしょう。

いざというときには、何をおいても一番に駆けつける。貧しいように見えても武士としての心意気を持つ。いつでも準備をしておくという話です。

映画監督の黒澤明さんは、助監督のころお酒を飲んでもシナリオだけは書くと決め、毎日書き続けたそうです。どんなに忙しい中でも「これは続ける」ということを持っているのは、準備ができている人です。

パソコンやスマホから離れる時間を持つ

今の時代はみんなが忙しくなっています。

パソコンが普及してからは二〜三人分の仕

事がこなせるようになったので仕事量が増えた上に、家に帰ってもメールが来ているので一日中見てしまう。スマホにはラインで次々に友達から連絡が来るので、休む暇がありません。しかし、今という意識を研ぎ澄ますためには、そういうものから離れて落ち着くことも必要です。

常朝をはじめとする武士たちは、毎朝死ぬことを考えていました。現代人の朝は忙しいので、毎朝死ぬ覚悟をするのは難しいと思いますが、夜は少しでも落ち着いた時間を持つといい。とりあえず、九時から十一時、十時から十二時など、パソコンもスマホも見ない時間を作ってみましょう。

親しい人にも「この時間はスマホを見ない」と周知させ、緊急の場合を除いてはスマホを遠ざけ、落ち着いた時間を過ごすのです。こうすると、静かに自分を見つめる時間を取り戻すことができると思います。

あくびもくしゃみもコントロールできる

人中《じんちゅう》にて欠伸《あくび》仕《つかまつ》り候事、不嗜《ふたしなみ》なる事にて候。計らず欠伸出《い》で候時は、ひたひ撫《な》で上げ候へば止み申し候。くさみも同然にて候。

（聞書第一、一七）

――人がいるところであくびをするのは、不躾なことである。思わずあくびが出るときは、手で額を撫で上げるようにすれば止まる。くしゃみもまた同じである。

思った以上に相手を傷つける

人の前であくびをするのは、不躾だ。くしゃみも同じで、いかにも阿呆づらに見える。だから隠しなさいというのは、じつに細やかで面白いですね。

あくびというのは、相手への敵意などなくても、つまらないと思っていなくても、出てしまうときがあります。たとえば私の場合は、テレビ番組に出演中にVTRを見ていて画面の隅に映るワイプで顔を映されたときが危険です。映るかもしれないとわかっているにもかかわらず、あくびが出ることがあるのですから、本当に怖い。

カメラに映って、自分が話をしているときには絶対にあくびなど出ませんが、VTRを見ているときは、どこか家でテレビを見るのに近い感覚になるのですね。テレビ出演中に、ここまでリラックスしている自分に改めて驚くわけです。

そうはいっても番組中なので、絶対にあくびをするわけにはいきません。そこでどうするか……。

私は完全にかみ殺します。表情筋を一切動かさずにかみ殺す。もしかすると目はピクンと動いているかもしれませんが、口のまわりは絶対に動かさず、静かにかみ殺します。必要に迫られ、自然と身についた技と言えます。

しかし私も、学生時代は授業中に大あくびをしていました。思い返せば、先生に悪いことをしました。

「そんなにつまらないですか?」と聞かれ、「昨日あまり寝てなくて」と答えたこともあります。実際は、つまらないという理由ではなく単なる生理現象なのですが、あくびをされたほうは傷つくわけです。だからこそ、相手にわからないようにすることが重要です。

私はあくびをかみ殺す方法をマスターしましたが、『葉隠』にあるのは、額を撫で上げる方法。もしくは、舌で唇をなめながら、口を開かず袖で隠し、手を口に当て人にはわか

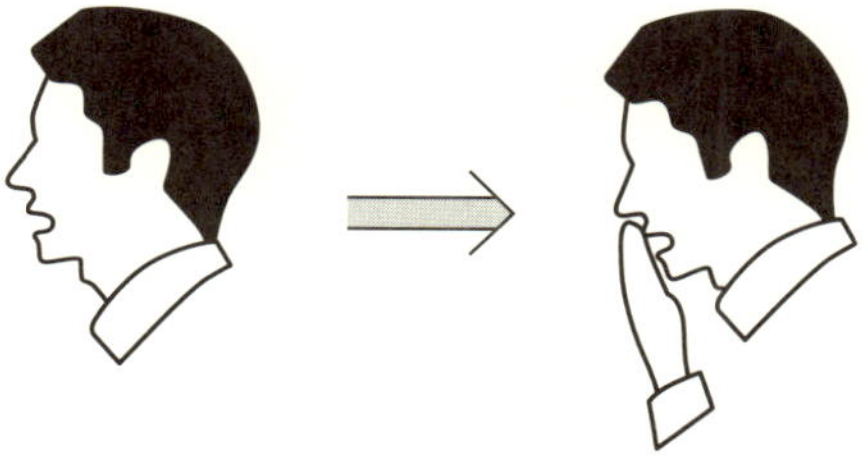

あくびをごまかすのも、マナーのうち

らないようにすべきだと書かれています。

ここにはありませんが、手を口に軽く当てながら、ふんふんと頷く方法もおすすめです。頷きながらあくびをする人はあまりいません。自然に口に手を当てるようにすれば、かなりバレにくいでしょう。

たしなみの一つ

また、くしゃみも音を小さくすることができます。

くしゃみというのは思いきり出すと気分がいいので、おじさんたちのくしゃみは響き渡ります。でも、出そうなときには鼻に抜けるようにしてみましょう。口から出すから音になる。鼻からは声が出ないので、鼻づまりみたいな感じで不発弾にします。

あくびもくしゃみも、口を閉じたままで

鼻から上のほうに逃すのがポイントです。こうすれば、悟られずに終わらすことができるでしょう。

ただし、突然やろうとしても難しいので、家で練習を積んでください。あくびが出そうならかみ殺す。くしゃみが出そうなら不発弾にする。

単に練習するだけではつまらないので、「これは武士のたしなみ」と言いながらやってみましょう。たしなむというのは、いい言葉です。

ここまで、あくびやくしゃみにこだわるのは、殿様の前であくびをするなど言語道断、大変なことになったからです。

今も上司の前で大あくびをするのは、「話がつまらない」と言っているようなもの。実際は違っても、相手にはそう思われてしまいます。くしゃみはそこまで我慢することはないと思いますが、考えてみるとアナウンサーが生放送でくしゃみをするなど、ほとんど見ません。当然ながら、あくびも見たことがありません。

聞書第二では、「欠伸は見苦しきものなり。欠伸・くさめはするまじきと思へば一生せぬものなり。気の抜けたる所にて出るなり。（聞書第二、五八）——あくびというものは、見苦しいものだ。あくびとかくしゃみなどは、しないと思えば一生でもしないようにすることができる。気がゆるんでいるので出てくるのである」と、力強い言葉も出てきます。

一生しないと思えばしないようにできる、とはさすがです。

生理的現象は気持ちのコントロールで引き締められます。まずは、あくびやくしゃみを止めることから始めてみましょう。

病気への対処法

昔は、疝気《せんき》の事を臆病ぐさと申し候。

——昔は腹痛のことを臆病草といった。

（聞書第六、五五）

仕事は休まない

にわかに腹痛が起きて一歩も歩けなくなった人が、その様子を報告したら「腰抜けである」と切腹を申しつけられたそうです。

当時のやり方は、半端ではありませんね。ちょっとおなかが痛くて他の者に指揮をとってもらいたいと言っただけで、切腹です。あまりに厳しい。本当に痛かったのかもしれませんが、当時は腹痛のことを臆病草と言っていました。

千日回峰行《せんにちかいほうぎょう》をやっている修行僧は、熱を測ることがないそうです。「発熱して休めるものなら測りますが、どうせ休めないのだから測る意味がありません」と言います。

仕事は休まない、と決めている人もいますね。一日も休まず何十年と働いている。お父

病を防ぐ第一歩は、強い気持ち

さんが会社を休んで寝ているところを見たことのない子どもも多いでしょう。そういう家庭では、子どもも休みません。皆勤賞になる子は、当たり前に学校に通ってきます。免疫力にもつながっていて、病気を寄せつけないのでしょう。

意外と気持ちで抑え込めるときも……

私自身も、風邪などを理由に仕事を休んだ記憶がありません。もちろん風邪はひきますが、授業を休んだ記憶がないのです。出演が決まっているテレビ番組を欠席したこともないので、気持ちで抑え込めるものだと感じます。

体調がよくないときもありますが、何事もないように過ごす。インフルエンザの場合は出て行くと迷惑になるので休むべきですが、かかっているのに気づかないケースもあるでしょう。私はもう何年もインフルエンザにかかっていませんが、じつはかかっているのかもしれないと思うことがあります。病気は「しない」と思っていると、熱も下げることができるからです。

マイケル・ジョーダンは下痢で不調だったとき、大事な試合に出たことがありました。そして、シュートを決めて勝った瞬間に崩れ落ち、倒れてしまった。そのとき同僚のチームメイト、スコッティ・ピッペンが肩を支えた写真があります。一流プレイヤーは絶好調のときはもちろん活躍しますが、そうではないときのプレイが見ものです。普通の人なら立ち上がれないくらいのときでも出て行って勝つのですから。

宝塚歌劇団の人たちも、毎日公演があり舞台に立っています。彼女たちは骨折していても踊るくらい、完全に自分をコントロールしています。激しいダンスを踊っていて、突然止まって歌い出すこともできます。素晴らしいコントロール力です。

トップスターと対談する機会があったので、「どうやったらすぐに歌い出せるのですか？」と聞いてみました。彼女いわく「脈拍を一気に下げる」そうです。息を吸って止め、瞬間吐いて、脈を一気に下げて歌い出すと言っていました。

一度上がった脈はだんだんに落ちていくものですが、呼吸力を使って一気に落とす。ハーハー言っては歌にならないので、彼女たちはこの技術を身につけているのです。人間には、こういうことが可能なのかと思いました。ある種の東洋の魔女ですね。

対処方法を会得する

もちろん、様々な病気があるので、強い気持ちさえあれば大丈夫とは、一概に言えません。

たとえばパニック障害などの病気は、単に心の問題と思われていましたが、そうではないことがわかってきました。そういう病を持っている場合には、対処する方法を学んでおくこと。メンタルの問題や体調の問題を抱えている人は多いので、気を張って免疫力を高めておくことも大切でしょう。

江戸時代には、現代のような病気への対処法なんてありませんでした。ただひたすら、気を張っておけ。それができなければ切腹！　という時代です。

現代はこうでなくてよかったなと思いましょう。

イライラせず心を鎮めよ

左様《さよう》の時ほど押ししづめ、よき様に取合ひ仕るべき事、侍の作法なり。（聞書第一、七七）

――そのようなときほど気を鎮めて、よろしいように取り扱うのが侍の作法というものである。

役所などで混雑しているとき、考えもなしに自分の用事を言い出す人がいると、腹が立ってとげとげしい対応になることがあります。そういう姿は武士らしくありません。落ち着いて、よきに計らうのが侍の作法です。

侍の作法とは、常に気を乱さないこと。いろいろなことを言われてもイライラせず、スッと心を鎮めます。

夢に学ぶ

有體の例は夢にて候。夢を相手にして、精を出し候がよきなり。（聞書第二、八六）

――現実の反映が夢である。夢を反省して、一生懸命に過ごすのがよいということである。

夢は、起き上がった瞬間に忘れてしま

うので、夢日記は寝床でつけるのがポイントです。夢を認識することは、自分を見つめ直すことにつながります。しかし、まさか『葉隠』に夢の話が出てくるとは……意外な面白さです。

歯を食いしばる

武士たるものは、二十八枚の歯を悉《ことごと》く噛みをらねば物事埒《らち》明かず。（聞書第四、二一）

——武士たるものは、上下二十八本の歯をがっしりと噛み合わせていなければ、物事を十分に成し遂げることができない。

噛み合わせが悪いと、肩こりがしたり、目が悪くなったりして、やる気が落ちることがあるそうです。噛み合わせを直すことで、全身の状態がよくなるという話も聞いたことがあります。「ぐっと噛み合わせる」とか「歯を食いしばって」と昔は言っていました。当時の努力の表現は、身体感覚とつながっています。

上達への近道

手本作りて習ひたるがよし。（聞書第一、六四）

——よい手本を真似して一生懸命に習うと、どんな悪筆でも普通の字は書けるようになる。

どんなことにも、お手本を持つのはよいことです。自分勝手に進めるより、真似するのが早く確実です。

第三章　勝つための仕事術

トップを目指せ

昨日よりは上手になり、今日よりは上手になりして、一生日々仕上ぐる事なり。（聞書第一、四五）

——今日は昨日より腕があがり、明日は今日より腕があがるというふうに、一生かかって日々に仕上げるのが道というもので、これも終わりがないのである。

一番でなければ意味がない

一生の間の修行には、「下の位」「中の位」「上の位」という段階があると書かれています。

下の位というのは、自分も人も下手だと思う段階。中の位というのは、まだ役には立たないけれどそれなりにできるようになり、自分でどこが不十分かわかっている段階。

上の位というのはすべてを会得して人の役に立ち、人がほめるのを喜べる段階。しかしここまでくると、ちょっと自慢気になったり、慢心が出てきたりするものです。

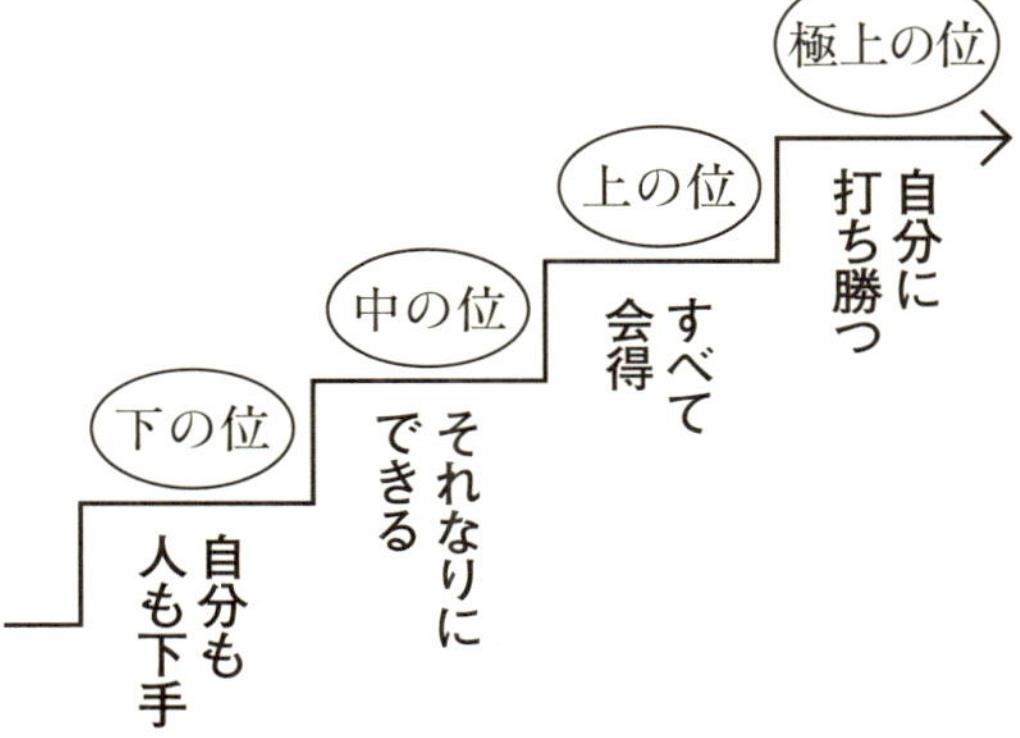

日々是精進！

さらに上には「極上の位」があります。ここにくると、どこまでいっても限りがありません。昨日より今日、今日より明日というふうに、一生かかって仕上げていく長い道のりです。

一流の人ほど、インタビューなどで「まだまだ不十分です」と語ります。テニスの錦織圭選手は、メンフィスオープンで四連覇したのに「それほど嬉しくない」と語っていました。上に行く人ほど、満足はしない。トップに居続けるためには、自分の中で「もっともっと」という気持ちで努力をし続けているのです。

一方で、ある程度のところで止まる人は「上の位」です。その段階まで来る人はたくさんいますが、次に突き抜けないとその先の「果てのない世界」には行くことができません。

葛飾北斎は、八十歳くらいのときに「自分の絵は百二十歳くらいまでいくと完成するのではないか」と言いました。当時の北斎はすでに一流でしたが「だいぶよくなってきたけれど、まだまだである」と言っているのです。さすが世界のトップです。

そこまでいくと、人に勝つためにやっているのではありません。人に勝とうと思っている人は、上の位止まりです。自分に勝たなければ、上をきわめることができないのです。

一流の人ほど精進する

ただし一流の人は、苦労を苦労と思わず、楽しんでいる節があります。常朝も「修行に於ては、これまで成就といふ事はなし。（聞書第一、一三九）――修行の道にあっては、これですべてが完了したということはない」という言葉を残しています。

モネは睡蓮を描き続け、睡蓮の池まで作って描き続けていた。ここにも果てがない世界が広がっています。努力を努力と思わないやり方。誰と戦うわけでもない極上の突き抜けた境地です。「この世界は果てがないなあ」と思いながら楽しむことが、突き抜けた境地に行く一番の方法かもしれません。

レベルが上になればなるほど、自分の足りないところも見えてくる。気づき精進することの連続だということは、プロを見ればわかります。

一流の人のほとんどは、負けず嫌いです。プロ野球で活躍していたある選手に聞いたら、「負けず嫌いでないと、プロの世界はやっていけないので、一流選手には負けず嫌いしかいない」と語っていました。

どこかでみんな、負けたくない気持ちはあるでしょう。しかし、全部が全部勝つことを目指すと疲れてしまうので、「ここで勝負しよう」というものを持っていると強弱がつけられます。

そして勝負をするときには、文字にして意思をはっきりしておくこと。紙や付箋に書いて貼っておくと比較的向上心が持続しやすいものです。手帳に書き込むのもよいでしょう。「今年は本を読む」ことを目標にするなら、それを毎週手帳に書いていく。「今週はこの本を読んだ」と記録していくことで、気力が続きます。

手帳には、負けたことや反省よりも、成功した喜びを書き込むといいでしょう。「祝！◎◎読了！」とか「祝！　契約成立(^^)」など、めでたい感じで書いていく。私の場合は、日本の選手が金メダルを取ったことも嬉しいので、わざわざ書き込んでいるくらいです。

人は、負けた悔しさよりも、勝った嬉しさや成功した喜びを味わいたいのです。

仕事は断るな

> **役断り、引き取りなどする事は、御譜代相伝の身として、主君を後になし、逆心同然なり。**（聞書第一、一五八）
>
> ――役目を断り、引退するなどということは、お家代々に仕えてきた家来として、主君を二の次に考えていることになり、謀反と同様だ。

断らない人は伸びる

気に入らないことがあったとしても、役を断ったり引退したりするのは逆心同然。これを現代に置き換えると、「会社から言われた役を断るのは謀反と同じ」ということです。

思ってもみなかったポジションを命じられると拒否したくなるかもしれませんが、まずは受けてみる。やってみたら「これも、意外に合っていた」と思うかもしれません。

スポーツ選手でも、監督が変わるとポジションチェンジを命じられることがあります。「やったことがない」と言って断る人もいますが、断らない選手のほうが、伸びるのです。

気が進まない仕事 → まずは受ける → 力が伸びる → 視野が広がる

苦手な仕事こそ成長のチャンス

ユーティリティプレイヤーと言いますが、いろいろなポジションができる便利な選手になっていくのです。サッカーの選手でも、若いころは前のほうで点を取りに行っていたのが、年とともに後ろでパスを回す役目になり、プレイの幅が広がることがあります。

どこの会社でも、出世する人ほどいろいろな部署に回されるということもあります。気が進まないところでも、行ってみると「会社は、こういう仕事もあって回っていたのか」とわかります。だからこそ、自分の好みや理屈にかまわず受けて、仕事をしていくといいのです。

ただ、理不尽なことが起きたときには黙っていなくてもいい。気に入らないことがあれば、注文を出して意見を言えばいいのです。

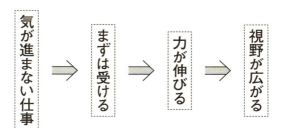

仕事を引き受ける手紙

介錯《かいしゃく》を頼まれ、引き受けた人の手紙に「人多き中、私へ仰せ聞けらるる段、身に取り本望に存じ候。この上は萬端《ばんたん》御心安んずべく候。（聞書第七、二四）――人も多くあるなかに、私へお命じくださったこと、武士として本望に存じます。お受けしたからは、何事もお心安くお思いください」と書かれていました。

昔から、武士が頼まれて嬉しくないのは介錯だと言われます。介錯とは切腹する人の首を後ろから切る仕事。うまくいっても手柄にはならず、仕損じがあると一生ついて回ります。ここに紹介したのはそのときの手紙ですが、じつに行き届いて素晴らしいものです。「たくさんの人がいる中から私に命じてくださって、ありがとうございました」と書き出し、引き受けなければならないことについては「本望でございます、ご安心ください」と綴っている。この手紙全文が「気持ちよく引き受ける」よい実例となります。

引き受けるときと断るときは、表現がとても大事です。本音を言ってはいけません。本音を言い始めれば、介錯などみんないやなわけです。でも、やらなければなりません。

会社だって、ほめられず手柄にもならず失敗すると問われるような仕事が、じつは多いもの。それでも「私が選ばれたのであれば」と気持ちよく引き受け、断らないようにすることが大事です。

軽い仕事ほど前に出てやる

軽い役目を押しつけられたとき、気を腐らせる人と、進んで受け入れる人がいます。

「自分がなぜこんな軽い仕事を?」と思ってしまうと、やっていられません。どんな仕事でも進み出る覚悟でやらないと、もったいない。

それは武士も同じだったのだなと感じたのが、「下目な役になり候時、気味をくさらかす事あり。これが悪きなり。勿体なきことなり。すこしも苦にせず、一段すすみてするがよし。(聞書第七、四六)――下の役に落とされたりすると、気を腐らすことがある。これが悪い。もったいないことなのだ。いっそう進み出てするのがよいと私は思う」という言葉です。

芝居などは役者が表に出ていますが、じつは裏方のほうが多い世界です。感心するのは映画です。昔は、最後のクレジットなど見ないでさっと映画館を出たものですが、最近は見るようになりました。なぜなら、ものすごい数の裏方の人がいると実感できるからです。

中には、ケータリングなど、映画の出来には関係がないように見える人もいますが、みんながいい映画を作ろうとして働いています。

映画の現場の話を聞くと、役者だけではなく、みんなで力を合わせ、気持ちよく仕事をしています。何一つ、無駄な仕事はありません。どんなときも気を腐らず進み出る気持ちでやることです。

早い決断が仕事を制す

古人の詞《ことば》に、七息思案《しちそくしあん》と云ふことあり。隆信公は、「分別も久しくすればねまる。」と仰せられ候。（聞書第一、一二二）

――古人の詞に「七息思案」ということがある。隆信公は「よい思案も、長くかかっては腐ってしまう」と言われた。

「またいずれ」はない

龍造寺隆信公は「武士は手っ取り早く何事も行いなさい。考えすぎるのはよくない」と言いました。

「七息思案」とは、七回呼吸する間に判断をするということ。七回深く呼吸をする間に、考えをまとめます。ゆっくり呼吸すれば、一分前後でしょう。その間に大事なことを決めるのです。

考えごとに何日もかけたい人もいるでしょう。それはそれでいいのですが、「これは自

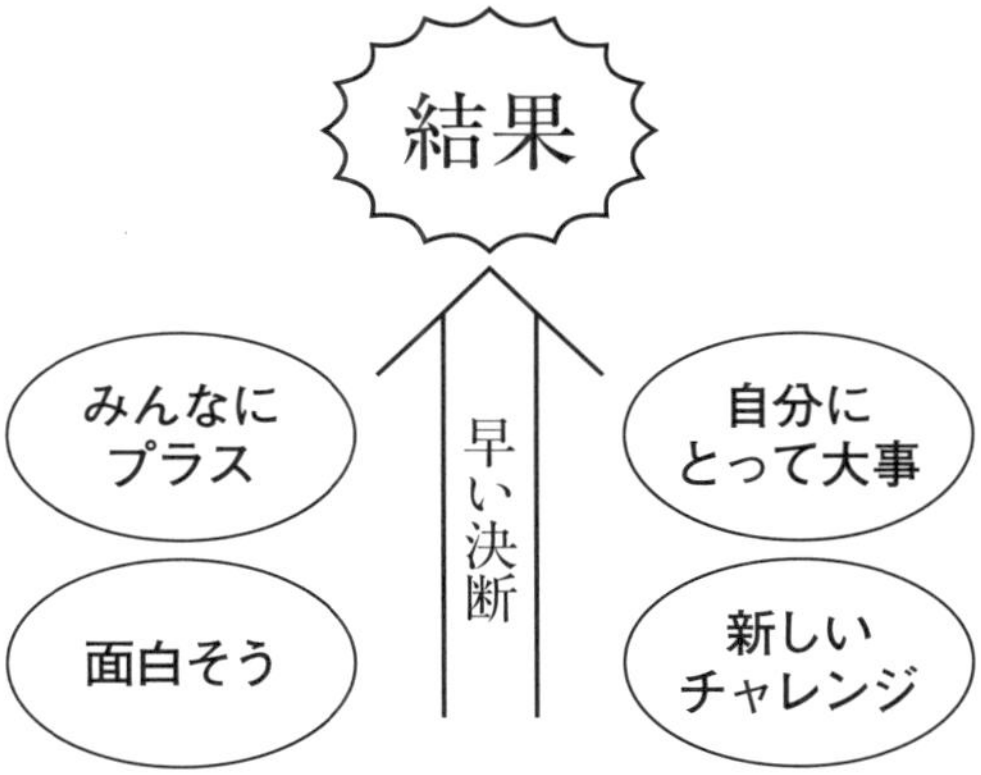

決断は七つの息の間で！

分にとって大事だ」「みんなにとっていいことだ」と思うなら、長く悩んではいけません。七回息を吸ったり吐いたりしているうちに、判断するのです。

これは、「素早くやることでうまくいく」という教えです。躊躇していると機を逃すので、やる方向に気持ちが動いたなら早くやったほうがいいでしょう。

これは私の経験ですが、「今度また考えましょう」という企画は、ほとんどが流れてしまいます。「いずれ」というのは、たいていいありません。「またいつか」もありません。女性は、気のない男性の誘いを断るときによく「機会があればまた」などと言います。この「また」も二度とありません。

私の高校のときの物理の先生は、「わか

ったか？」と聞くときに「落ちたか？」と聞きました。「君たちが胸に落ちたかどうかが大事なのだ」と言うのです。腑に落ちると言いますが、単にわかることと、落ちるは違う。ちゃんと胸に落ち納得できたか、確認せよということです。

七回息をしながら思案して、胸に落ちればそれで進む。即決すると見落としがあるかもしれないので、七回息をするのを待ってもらって「よし」とします。

映画監督の北野武さんや周防《すお》正行《まさゆき》さんは、「監督は、現場であらゆることを聞かれる。判断するのが監督の仕事だ」と言っていました。場所、時間、人の配置、俳優、エキストラ、何もかもを監督が決めていくそうです。そして、毎日ものすごい数の判断があるので、何日も考え込んでしまうと撮影期限に間に合わなくなります。

会社の経営者もそうですが、優れた上層部は決断が早い。判断を迫られたときには「七息思案」という言葉を思い出すといいでしょう。

他人を巻き込む「勢い」

紙一ぱいに一字書くと思ひ、紙を書き破ると思うて書くべし。よしあしはそれしやの仕事なり。武士はあぐまぬ一種にて済むなり。

（聞書第一、二九）

――この紙いっぱいに、ただ一字を書くと思い、また勢いで紙が破れてもよいと思って書くのがいい。上手下手をいうのは書道家の仕事だ。武士は思い切りよくやることでよいのだ。

思いきりが大事

色紙に文字を書くというのは、昔はよくあることでした。武士にとって大事なのは「思いきり」。上手な字を書くかどうかは関係ありません。書道のたしなみがあるということよりも、武士としての精神を、書道を通して鍛えていったのでしょう。

武士の精神とは、思いきりのよさや迷いがないということ。「必ず死ぬほうにつく」というのも迷いのなさを表していますが、書道にもそれは通じるのです。

学生の答案でも、体が大きいのに小さい字でちょこちょこ書いてくる人がいます。文字の大きさと正解不正解の率は関係ありませんが、とても自信がなさそうに見えるんですね。枠いっぱい使って正々堂々書いて誤答だったという場合もあるのですが、それはそれで好感が持てます。

かつての小学校の先生は、書道をほめるときに「勢いがある」と言いました。私は今でも小学校時代のことを覚えていますが、小池さんという女子生徒の字を先生がとてもほめていました。小池さんの字は整っているわけではないのですが、紙からはみ出すほどの勢いがあった。躍動感と生命力があったのです。

そのとき「お手本みたいに整った字を書くだけじゃなくていいんだな。何か、力が感じられるものがいいんだ」と思いました。

自信もたしなみの一つ

武士の場合は緊急事態に迷わず身を投げ出すことが必要なので、心得として紙いっぱいの字を書く訓練をしますが、私たちも様々な場面でめいっぱいやってみるといいでしょう。たとえば、仕事でプレゼンをするとき、自信がない顔をしてやるより堂々と勝負する。

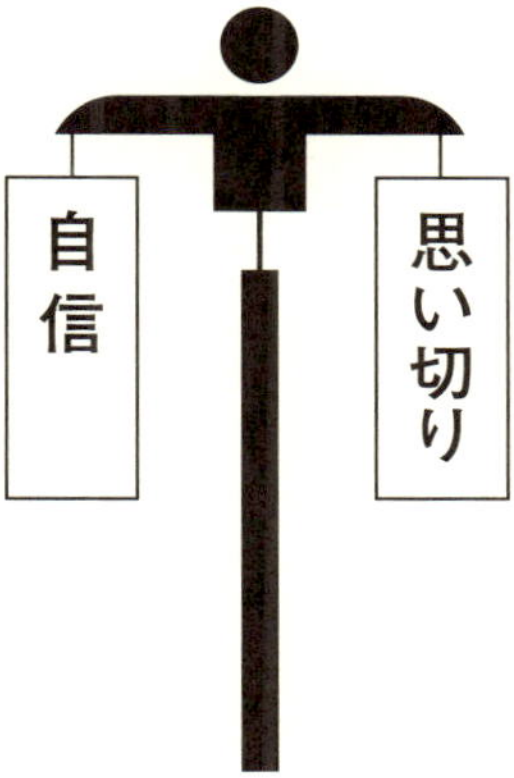

周りを味方につける秘訣

自分としてはこれを押し出したいという思いきりのよさがあると、聞いているほうも「お、これはいいかもしれない」と思うものです。何となく不安そうにしているのが一番ダメなんですよ。

じつは、テレビに映る姿も同じです。まっとうなことを話しているのに自信がなさそうな人は「この人、よくわかっていないのでは」と見えてしまうものです。反対に、大したことを言っていなくても堂々と話していると、とてもちゃんとしている感じがする。

教室でも、部屋全体に響き渡る張りのある声を出す人は、たいてい評判がいいものです。

このように力がみなぎる表現も、武士の心得だったのです。

「調べて確認」を習慣に

萬事《ばんじ》前方に極め置くが覺《かく》の士なり。不覺《ふかく》の士といふは、その時に至っては、たとへ間に合はせても、これは時の仕合せなり。

（聞書第一、二一）

——万事あらかじめ用意しておくのが覚《さと》った士である。覚っていない士というのは、その場に至って、たとえ対処できても、単に運がよかったというだけのものだ。

三回検索を習慣に

今はインターネットの時代なので、前もって準備することはとても楽になりました。ネット検索をすればたいがいのことはわかります。それでも、調べることをしないで事に臨む人はたくさんいます。

ブログやSNSを見ていても、ちょっと調べれば「そうじゃないのに」という間違いを

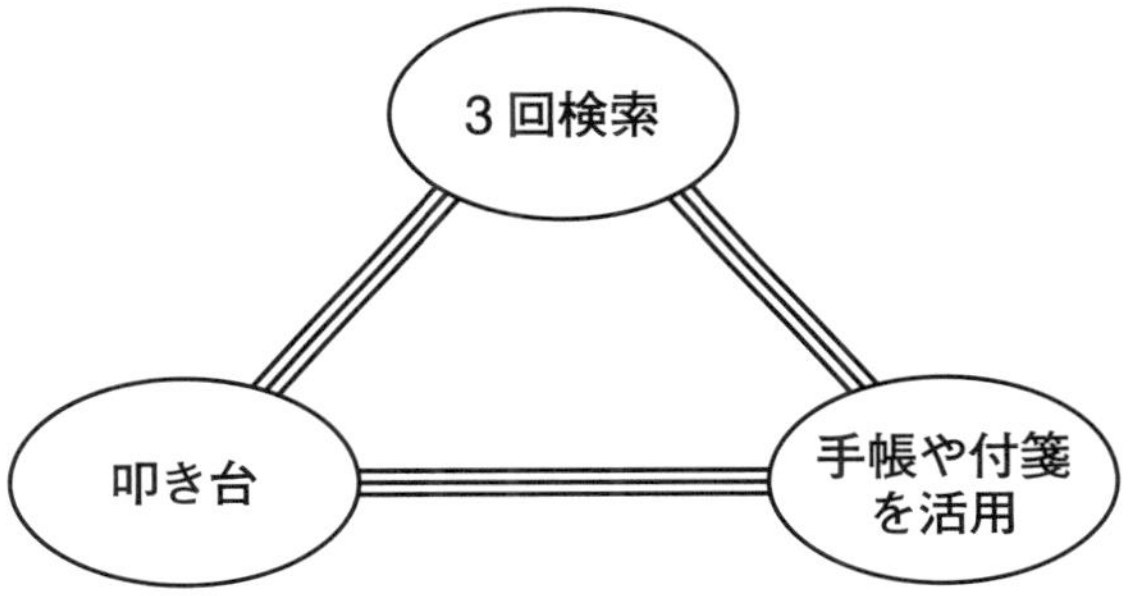

3点セットで準備は万全に

堂々と書く人がいて、たびたび炎上が起きています。なぜ、調べないで書いてしまうのでしょうか。

　私は学生たちに「同じ内容でも三回検索しよう」と言っています。一回検索すると何かが出てくる。二回目にまた違う情報が出てきて、もう一度やるとさらに新しい情報が出てきます。こうすることで内容を精査でき、間違いがなくなるのです。

　ネット上の情報は玉石混淆《こんこう》。一回検索しただけでは、正しい情報に行き当たるとは限りません。二回三回と検索をかぶせていくと「おっと、間違いだった」ということもわかってくる。私は自分が詳しいと思っている領域でも、三回検索することを習慣にしています。

　たとえば、古文の表記。私はテレビ番組

「にほんごであそぼ」の指導をしているので、「この言葉はどの表記でいきましょうか」という相談が毎回行われます。古文の表記は様々あるのが普通で、しかし一つに決めなくてはならないとき、原典を参照するとともに私はネット検索もします。

なぜなら、一般の人がそれをどうとらえているかが見えてくるからです。起源だけではなく、現代ではどうなのか。高校の教科書ではどう表記されているのか。三回の検索で、総合的に見ながら判断するのです。

叩き台は必須アイテム

人と会うときでも同じことでしょう。パパッと検索して相手に連絡をする。会う前には場所を調べ、待ち合わせ場所の地図を添付し、電話番号も入れるなど、綿密な準備ができる人は「覚の人」ということになります。行き当たりばったりなのは「不覚の人」です。

ビジネスパーソンの場合は、打ち合わせや会議において、プリント一枚のレジュメを準備できるのが覚の士でしょう。手ぶらで動くのではなく、今日は何を話す必要があるのか、何を確認するのか、必要事項を書き出しプリントアウトする。「こんな感じで進めますね」という一枚があると、話がスムーズに進みます。

私の授業でも、学生には常に一枚のレジュメを用意させています。授業は全員発表方式なので、レジュメがない人は水着なしで水泳の授業に出るようなもの。学生たちはレジュメの準備が身についていています。

プリントがあると、ずいぶん話は落ち着くものです。何もない打ち合わせは、もやもやと始まってしまいますが、「叩き台です」と言ってプリントを出せば、それを土台に話が進むでしょう。叩かれ役になれるのも、現代の覚の士です。

一日中気を抜くな

大事な手紙を落としてしまったら、切腹もあり得る時代でした。それをよく表しているのが、「大事の状手紙書付《かきつけ》等持ち届け候節《せつ》、道すがらも手に握りて片時も離さず、向き様にて直ぐに相渡すものにて候由《そうろうよし》。（聞書第一、六五）――重要な手紙や書類などを届けに行くときは、途中しっかりと握りしめて片時も手から離さず、届け先では直接手に渡すものである」という言葉です。

手に握って片時も離してはいけない。頼まれたことをちゃんとするためには、一日中気を抜くなということでしょう。

また、「奉公人は二六時中気をぬかさず、不断主君の御前、公界にて罷《まか》り在る時の様にするものなり。（聞書第一、六六）――家来たる者は一日中気を抜くことなく、いつも主君の御前や公の席に出ているときのように注意することだ」とも書かれています。

とにかく気を抜かず、穴のない状態で四六時中過ごす意識が大事。仕事をしている間は、私たちにもこの意識が必要です。

その日にやらなければならないことは手帳に書き、チェックボックスを作って自分でチェックしていくと漏れがなくなります。

ちょっと気を抜くと「言われていたのに忘れてしまった」ということが起きるので、手帳を活用して備忘録を作り忘れないようにする。気を抜かず、手に握りしめる感覚でやりましょう。

付箋を活用するのもいいですね。机やパソコンに付箋を貼ったり、タイマーをかけたりする。スマホに付箋を貼ってタイマーをかければ万全でしょう。本当に大事なことは二重三重にしておけば安心です。

大事なことは必ず相談する

一人の智慧は突っ立ちたる木の如し。（聞書第一、五）

――一人の知恵は、ただ突っ立っている一本の木のようなもので頼りない。

知恵ある人に相談する

自分の知恵だけですべてを行おうとすると、天道に背いて悪事となる。ここにはそう書かれています。一人の知恵は突っ立っている木のようなもので、根っこがありません。

自分が真の知恵に及ばないと知ったときには、知恵のある人のところで相談をしなさい、とも書かれています。知恵ある人というのは、根が深く張っている大木です。相談すれば、様々な知恵をアドバイスしてもらえて、間違いもなくなります。物の見方や世界が広がっていきます。

しかし、案外みんな「知恵ある人に相談」をしないものなんですね。たとえば、初めての論文を書くときにも、自力でやりとげたいためか、自己流に仕上げる人が多くいます。

そうすると、様々な不都合が起きてくる。論文の形になっていなかったり、教科書の引き写しになっていたりと、書き直しが必要になるのです。

経験者に相談すれば、このような無駄な労力は省けます。武士の心持ちとしては「一人で死ぬ覚悟」が必要ですが、実際の行動は一人で勝手にやるな、知恵のある人に相談しなさいと言っています。

抱え込みすぎず、共有する

自分の力でなんとかしたいという気持ちは、今の人も昔の人も同じように持っています。それを痛感したのが、「碁に脇目《わきめ》八目《はちもく》と云ふが如し。念々《ねんねん》知非《ちひ》と云ふも、談合に極《きわま》るなり。話を聞き覚え、書物を見覚ゆるも、我が分別を捨て、古人の分別に付く為なり。（聞書第一、四四）――碁に「岡目八目」という言葉があるが、そのことだ。『熟慮して己が非を知る』と言うが、話し合いに優るものはない。いろいろな話を聞いて覚え、また書物を読んで覚えるということも、自分一個の考えを捨てて、古人の優れた考えを取り入れるためである」という一文です。

脇目八目（岡目八目）というのは、碁を脇から見ていると、実際に碁を打っている人より八目も先まで見通せるという言葉。つまり、第三者には当事者よりも物事が正確によく見えるという意味です。

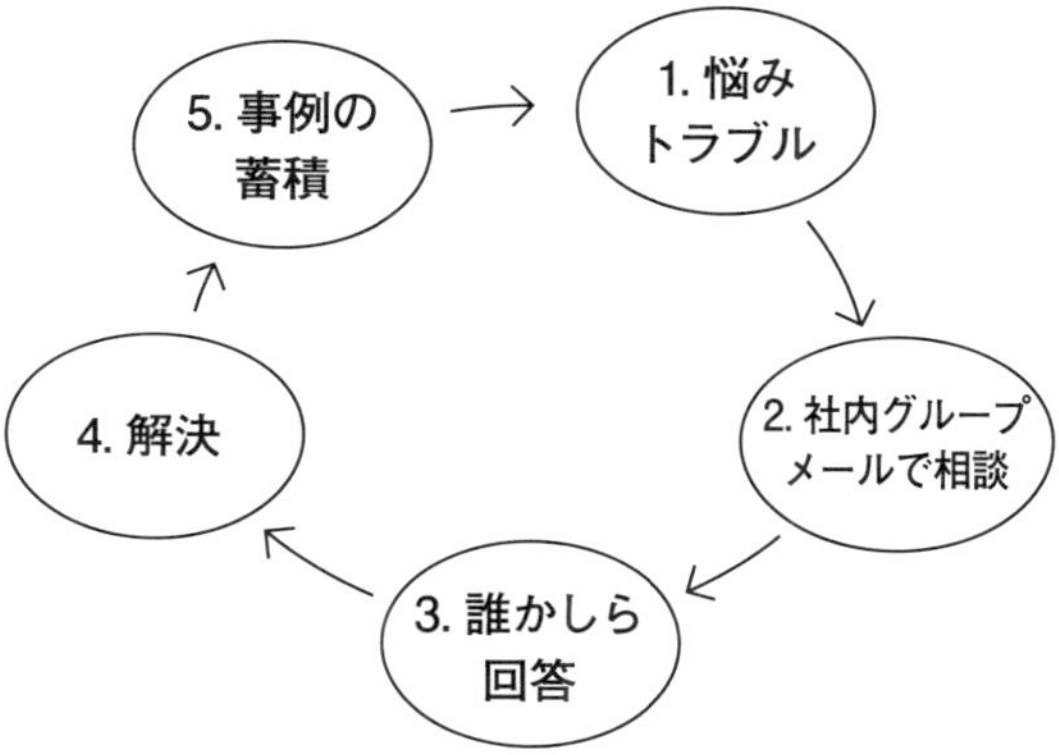

トラブルは相談・共有すれば、早く解決できる

自分が渦中にいると、目の前のことでいっぱいいっぱいになるときがあります。そんなときは、外側からの脇目が必要です。自分一人で考えず、第三者に相談しアドバイスを受け入れることの大切さが説かれています。

自分一人で問題を片づけようとし、誰にも相談しなかったために、いっそう大きなトラブルになるケースもよくあります。

多少恥ずかしい思いをしても、第三者に相談すると「それならこうしたほうがいい」と、視界がパッと開けてきます。医者の不養生という言葉があるように、どんな有能な人も自分のことは見えにくいもの。自分以外のことならさっさと意見が言えるのに、自分のことや身内のことになると判断を誤ってしまう人も多いのです。

福沢諭吉が病気になったとき、緒方洪庵《こうあん》は

子どものようにかわいがっていた諭吉のことを「自分は医者だが、目が曇るかもしれないから」と他の先生に見てもらうように頼みました。また、幸田露伴《ろはん》は娘の幸田文《あや》に論語を学ばせるとき、近所の論語に詳しいおじいさんに頼みました。緒方洪庵や幸田露伴でさえ、身内に対しては身が入りすぎて感情的になるので、第三者の意見を聞いたのです。

メールをフルに活用する

今の時代は社内メールが簡単になりました。たとえ細かいことでも、答えてもらう仕組みを作っておけば、負担も気兼ねもなく相談することができます。組織の場合は、自分勝手に考えたり行動しないことを徹底させる仕組みが大切です。

全員にメールを送り、全員が知っているシステムを構築すれば、防げる事故や失敗はたくさんあります。実際、私の職場では全員に届くメールが常に回っています。たとえ自分が直接関わる案件でなかったとしても、みんなに送っておけば今職場でどんな問題が起きているかを知ることができます。

新人も含めて若い人にも、上の人が相談している内容を知ってもらう。そうすると、いざというときの現場意識も高まります。役割はいずれ交代するので、スムーズに引き継ぎまでできるようになるのです。自分一人の思い込みで仕事をしないためにも、社内で情報がいきわたるシステムは重要だと思います。

言いづらいことこそ、早めに正直に

さもなきことを、念を入れて委《くわ》しく語る人には、多分その裏に、申し分があるものなり。（聞書第二、九九）

——それほどでもないことを、念を入れて詳しく話して聞かせる人には、きっとその裏に何か言いたいことがあるものだ。

嘘は必ずバレる

くどくどと、詳しく話す人には必ず裏があります。それを隠すために長話になるからです。聞いていると「あれ？」と思うことが必ず出てきます。

よく、奥さんに問い詰められた夫があれこれしゃべろうとして墓穴を掘ることがありますね。ごまかそうとすると、話がどんどん長くなります。

本当のことならスパンと言い切れる。非を隠そうとするからおかしくなるのです。ミスを隠すとかえっておかしなことになるので、おかしいと感じたときにはちゃんと話してもらうことが重要です。

そのときは、相手のミスを責めないこと。事柄を聞きたいと割り切って聞くこと。一種の司法取引をするのです。アメリカのドラマでは、犯罪者との間で「元締めの名前を言うのであれば、おまえを刑務所に入れないようにしてやろう」などという司法取引が頻繁に行われています。

そうしないと、嘘ばかり重ねることになる。トラブルを犯した人の話はすっきりしないもので「なぜそんなに先方が怒るのか」と思っていたら、実際は違ったということもよくあります。おかしな点は、早く見つけることでしょう。

たいていのことは、あとからバレるので、取り繕うのは得策ではありません。傷が小さいうちに、さっと報告してしまうほうがいい。一人で抱え込んでいると修正も難しくなるので、仕事の場合は早めに上司に報告し、判断してもらうことです。

嘘というのは、昔からバレやすいものなのです。

最初に結論を言って対策を考える

私は、自分のことでは回りくどいと言われることもありますが、仕事になるとスパスパ話をしてしまいます。本当のことを身もふたもなく言うのが面白いし、オープンに軽く話すのも一つのやり方だと思っているからです。

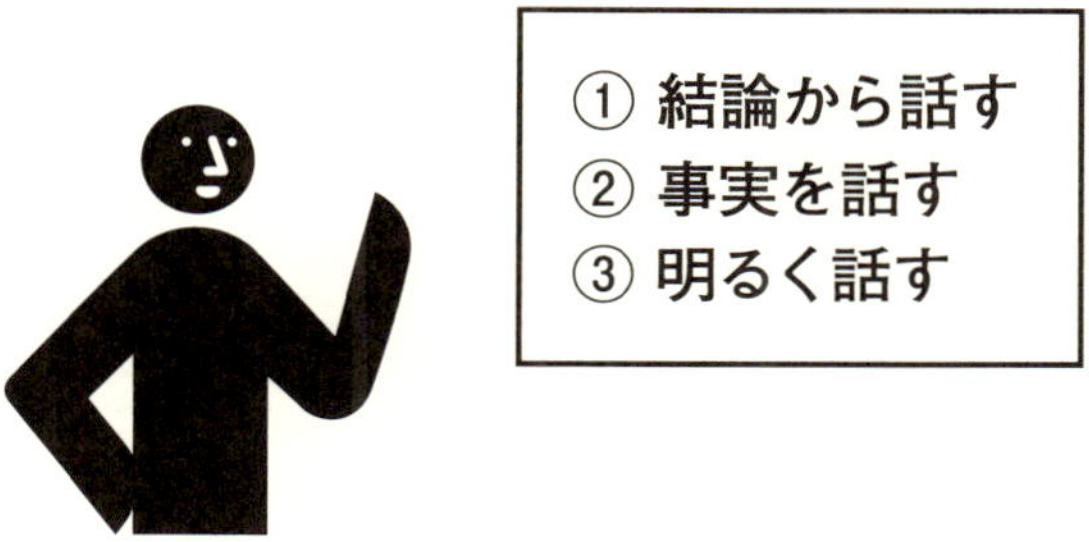

いやなことは15秒でスパッと伝える

言いづらいことだったとしても、まず結論を話す。そのあとに「じゃあどうするか」と、対策を一緒に考えます。そのときは、ありのまま軽く話すのがいい。暗く言うとお互い重たい気持ちになるので、明るくご機嫌に「このままの流れだと落ちるからね」「やり方を変えないとドツボにはまるよ」など、ストレートに伝えます。

そして、「一日三時間勉強しよう」などと計画を立ててあげる。くどくど言うよりも、事実は事実として認め、そのあとにできることをやるように伝えると、すっきりします。

どうしても話がくどくなってしまう人は、十五秒プレゼンの練習をするといいでしょう。私はいつも学生たちと教室でやっていますが、発表のときは必ず十五秒で話すのです。すると、時間がないので結論から話すことになります。話の長い人は前置きが長い。結論をスパッと言い、事実を共有する話し方を身につけましょう。

「お願いごとがあるんですけど……」と最初に言われると、「何を頼まれるんだろう、面倒くさいな」と思いますが、最初から「すみません、推薦状を書いてください」と言われると「ああそうなのか」となります。

メールでも、前置きが長いと読むのがつらいけれど、要件が箇条書きになっていたら、すぐに判断ができます。すっきりした仕事は、相手にとっても親切です。

上司とのコミュニケーション

内気に陽気なる御主人は随分褒め候て、御用に越度《おちど》なき様に調へて上げ申す筈なり。御気勝《ごきしょう》、御発明なる御主人は、ちと、御心置かれ候様に仕懸《しか》け。（聞書第二、一二）

――明るいが気の弱い主君に対しては、いつもほめて、失敗のないようにしてあげなければならない。気が強くて頭の働きの鋭い主君に対しては、自分の存在が主君の気になるように仕向けたほうがいい。

相手の気質をよく見きわめる

上司の気質によって対応を変える、コミュニケーション法です。

自信のない上司や気の弱い上司に対しては、相手をほめたり失敗のないようにして、気質を強くしてあげないといけません。一方、気が強くて頭の働きが鋭い上司は、心に留ま

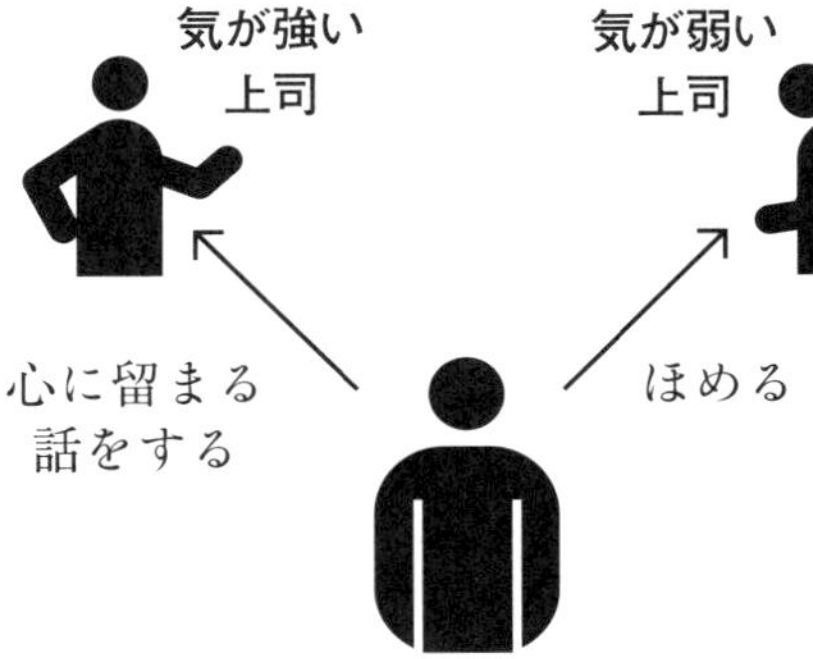

相手の気質によって対応を変えるとスムーズに進む

るように仕向ければ、相手のほうからどんどん話が持ちかけられるようになります。いずれも、あからさまにやるのではなく、少しずつ悟ってもらうように仕向けることが、うまくやる秘訣です。

組織にいる人は、社長や上司に嫌われると仕事がやりにくいので、上司との上手なコミュニケーションは必須です。相手の意向や気質に合わせた対応は、コミュニケーションの基本ですね。

忠告はワンクッションおく

部下の立場であっても、上司に意見しなければならないときもあります。しかし、自分が平社員のときには、上の立場の人に忠言や助言をするのはなかなか難しいことです。

常朝は「位に至らずして諫言《かんげん》するは却《かえ》って不忠なり。（聞書第一、四三）――地位に達しないで諫言をするのは、かえって不忠である」と語っています。

「諫言」というのは、目上の人の過失を忠告すること。ここでは、地位がないのにアドバイスをするのは、かえって不忠だと書かれています。上司に対して「間違っているな」と思っても、あなたがそれを言う立場にないときは口にしてはいけません。いくら自分が正しいとわかっていても、です。

そういうときは直接言わず、誰か間に立つ人に相談しましょう。たとえば部長に言いたいときは、課長に相談してみるのです。自分の手柄にしようとして直接言うのではなく、諫言は位に至った人がするものです。

「この件はこちらのほうがいい」と、意見したくなるときも同じです。自分より上の役職のある人に、内々に相談してから伝えてもらうほうが角が立ちません。

ワンクッション置くほうが、人間関係が円滑になるという教えです。

トラブルこそ仕事の醍醐味

大難《たいなん》大変に逢うても動転せぬといふは、まだしきなり。大変に逢うては歓喜踊躍して勇み進むべきなり。（聞書第一、一一六）

——大災難・大変事に遭遇してもまごつかないというのでは、まだ十分ではない。大変なことに遭遇したときには、喜び勇んで進んでゆくべきである。

困難なときこそ喜べ

大変なときは腰が引けてしまうものですが、それではダメだと書かれています。人生の大波が来たときこそ、むしろその波に乗って歓喜雀躍《じゃくやく》する。水かさが増せば船も高くなるといった心意気で迎え撃つのです。

たとえば、仕事でトラブルが起こったときには、「待ってました！」とばかりに出て行ってみる。日常業務が順風満帆なときには、上司の存在はあまり必要ないものですが、いざというとき「出番だ」と出てきてくれる上司がいると、部下は嬉しいものです。

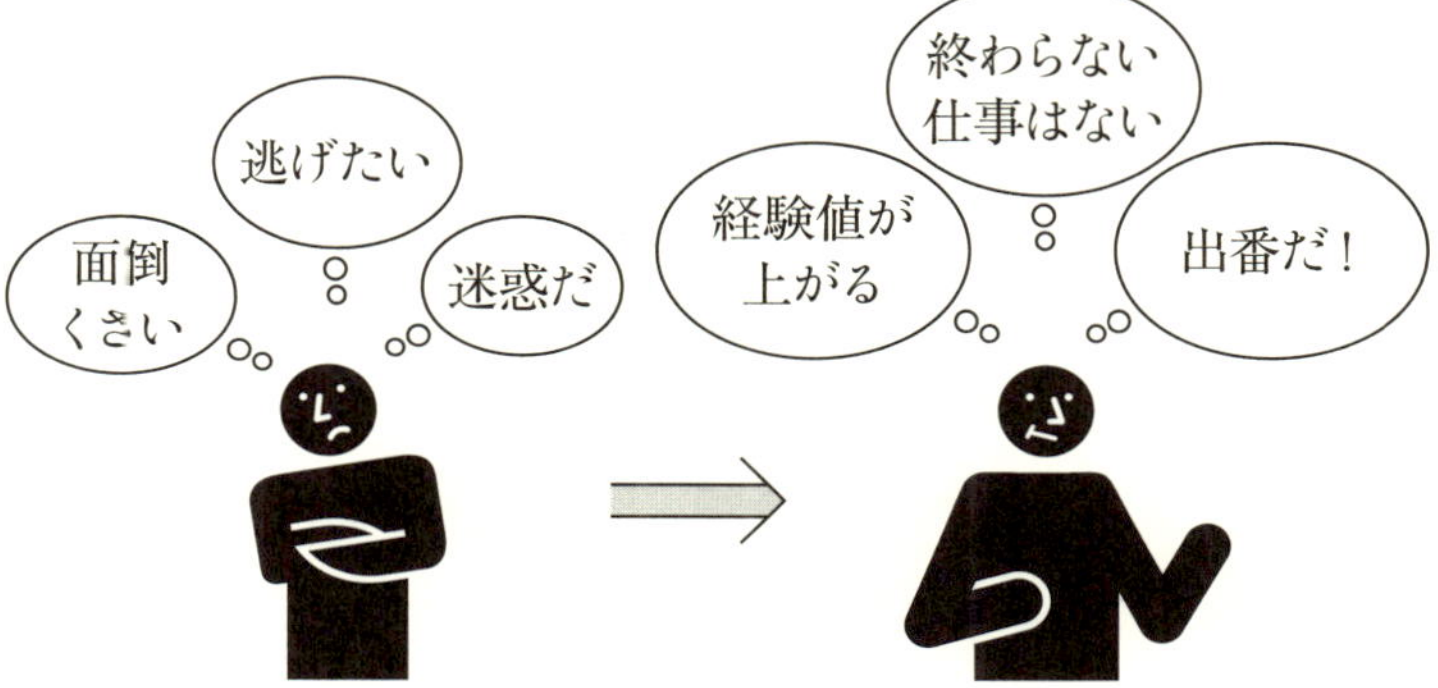

「仕事＝トラブル」と割り切ろう

トラブルはないのが一番ですが、自分の責任でなくても、起きるときは起きます。それをどう収めるかが試されます。

大学は平和なところですが、私たちに連絡が回ってくるのはたいていトラブルが起きたときです。学生はときどき想定していないような問題を起こすので、そのたびに対処法を考えてチームで収束に当たります。

特に教育実習では様々なトラブルがあるので、あまり平穏に何もなく過ぎていくと「最近トラブルがなくて寂しいねぇ」という話になるほどです。

仕事と思えば、トラブル対処も楽しくなってくるもの。問題が起きたら「ほら、来ましたよ」という感じで進んでいけばいいのです。

野球選手は、「あのピッチャーの球は速

すぎる」と思っていると、余計に速く感じてしまうと聞きました。しかし「速い球を待っていた。こんな球を打てる機会は滅多にない」という心意気で臨むと、スコーンと打ち返すことができる。どんな仕事にも、そういう気持ちで臨むことが大事です。

膨大な事務作業があったときにも「こんな量の仕事はやったことがないけれど、ひとつやってやろうじゃないの！」と受けて立つ。高い心意気で迎え撃つと、仕事のはかどり方はまったく違ってきます。

トラブルで成長する

私の二十代はトラブルだらけでした。

上に立つ人のアドバイスに耳を傾けなかったのです。大学院ではある先生に「自分のところに相談に来てくれたら指導する」と言われたのに、研究スタイルが違いすぎ、自分のやり方ができなくなるのではないかと不安になって、相談に行きませんでした。

行かないとどうなったかというと、その先生に自分の論文を否定されてしまった。相談に行けば、防げたかもしれない事態でした。

大学院生というのは普通の人にとっては学生という認識でしょうが、私はプロだと思っていました。大学も卒業しているのに、なぜ指導を受けなければならないのかとの思いが強く、先生方とうまくつきあえませんでした。

そのため、上の人から後押ししてもらえず、二十代を無職で過ごしてしまった。もう一度二十代をやり直せるなら、「先生のおっしゃる通りです」などと言ってうまくやるでしょう。しかし当時は傲岸不遜《ごうがんふそん》、自分が一番わかっていると思っていたのです。

若いときに、このようなトラブルがあったので、周囲とうまくやることの大切さを学びました。明治大学に来てからは、年上の人ともコミュニケーションをとり、良好な人間関係を保っているので、とても仕事がやりやすくなっています。

日本人は、目上の人を批判する人を好みません。あまり批判力の強い人は攻撃性があって危ないと思われる。穏やかに周囲と関係を築くことは、とても大切です。

トラブルが自分を大きくしてくれることもあります。トラブルを迷惑がる人と、そうでない人は、人生の歩みが違ってきます。

まず〝どうしたらいいか？〟を考える

私《わたくし》なく案ずる時、不思議の智慧も出づるなり。私を除きて工夫いたさば、大はづれあるべからず。（聞書第一、四）

——私心を去って考えるときには、思いもよらない知恵がわいてくるものだ。私心を去る工夫をするならば、大失敗するということはない。

私心を取り去る

『葉隠』には、本題に入る前に「四誓願《しせいがん》」という神仏への祈りが書かれています。

一、武士道においておくれ取り申すまじき事。
一、主君の御用に立つべき事。
一、親に孝行仕る事。
一、大慈悲を起し人のためになるべき事。

私心を取り去り、この四つを意識したとき、よい知恵が出てくる。つまり、「私」とい

当事者意識	私意識
“まず、どうしたらいいか”に集中する	恥ずかしい バカだと思われる
↓	↓
アイデアが出る	アイデアが出にくい
↓	↓
物事が解決する	物事が解決しない
＝	＝
大人	**小人**

“自分のことを差し置く”クセをつける

うのがじつは邪魔者であるというのです。

私を中心に考え、私に基づいた行動をすると、邪《よこしま》な働きによって悪い方向に進んでいきます。そこで私をなくすと、本当の意味での知恵が出てきます。

私たちが暮らす社会では、常にアイデアが求められています。そのとき「これを言ったら恥ずかしい」「バカだと思われる」と考えたら、途端にアイデアは出しにくくなります。それは「自分がこの程度のアイデアしか出せないと思われたくない」という「私の心」が邪魔しているのです。

もしかしたら、そのアイデアがきっかけで「こんなアイデアもある」「こちらのほうがいいかも」と、いい意見が出ることもあります。何がきっかけになるかわからないので、恥をかいてもとにかく言ってみたほうがいいのです。ところが日本人は恥を嫌うので、会議でパッと最初に発言できる人はほとんどいません。

私が学生たちに言下に答えることを要求し、「三秒で答えよ」「次は一秒で」とうるさく言うので、教え子たちは採用試験でも「〇・三秒で発言してきました」などと報告に来ます。パッとアイデアを言うことに慣れているので、学生の多くは激戦を勝ち抜いて就職していきます。

すぐに発言できるのは、当事者意識の表れです。当事者意識と私意識はまったく違います。当事者意識とは、「まず、どうしたらいいか」だけに集中する。自分がどう評価されるかを考えなければ、自然と知恵は出てくるものです。事に臨んで「自分のことを差し置く」ことが重要です。

私心をなくすというのはピンとこないかもしれませんが、簡単に言えば自分に対する評価を気にしないこと。常に評価を気にして行動する人は、論語で言う「小人」です。自分がどう評価されているかを憂えるな。自分が知らないことを憂えるな。自分が評価されることばかり考えていると、行動が小さくなってしまうのですね。

人の評価に振り回されない

現代ではＳＮＳやブログなど様々な表現がありますが、「私が、私が、私が」と言っていると息苦しくなっていきます。なぜなら「私はこんなものを食べました。ここに行きました。充実しています」とやっていると「これは載せなきゃ」と写真を撮るようになり、アピール合戦になってしまうからです。

本来は、一人で「これはおいしい」と思ったり、一緒に食べている人と「おいしいね」と言うだけでいいのに、全部写真に撮って他の人に見てもらい、「いいね」と言ってもらわないと落ち着かなくなる。それで誰にも反応してもらえなければ、おいしかったのになんだかおいしくなくなってしまいます。

つまり、他人に「いいね」と言ってもらわなければ落ち着かないという自我の在り方になってしまった。この様子を常朝が見れば「なんと〝私〟ばかりの世界になってしまったのか」「人の評価をこれほど気にする国になったのか」と嘆くでしょう。

もちろん、SNSの交流自体はいいことですが、それがトラブルや疲れの原因になることもある。現代は、お互いに支えてあげないとならないことが増えています。

「絆」というのはいい言葉ですが、他人の支えが必要な現代人のメンタルと、武士のメンタルはまったく違います。すぐに切腹を申しつけられる世界ですからね。

ただ、そのような世界で自分を保っていくとき必要なことは、現代にも十分通じます。私の心を小さくすることで、正しい知恵やアイデアが生まれてくるのです。

他人のためにどこまで動けるか

身心を擲《なげう》ち、一向に嘆き奉るばかりなり。（聞書第一、三）

――心身を擲って、ただひたすらに主君が大事と思い続けることなのだ。

嘆き奉る志

殿様に仕えている奉公人は、役に立つか立たないかが大事ではないと書かれています。何のご用にも立てず、不調法千万であっても、ひたすらに嘆き奉る志さえあれば大丈夫だ。頭がよくて芸ができて用に立つというのは、嘆き奉る志の次にくること。その上で能力が高ければ一番いいというのです。

現代のチームでも、能力が高い低いよりは、チームに貢献する気持ちがあるかどうかが問われます。たとえば、サッカーの日本代表チームでは、様々な監督が指揮してきましたが、どんな監督にも共通の基準は「チームのために最後まで戦う気持ちがあるかどうか」です。

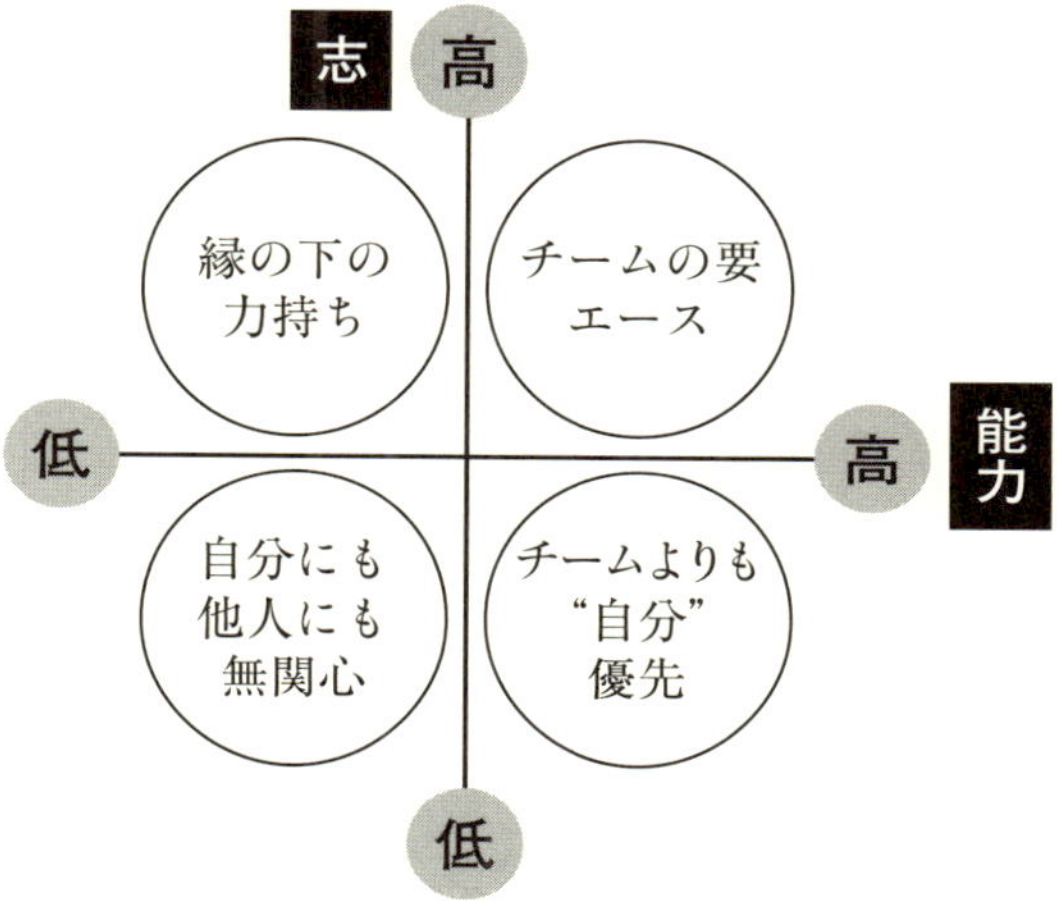

求められるのは「志」の人

その気持ちを合宿で見きわめ、そうでない選手は二度と呼ばない。「チームのために戦えない選手はもう呼ばない」と、歴代の監督が語っています。

日本代表の合宿に来るような選手で、チームのために戦えない選手がいるのだろうかと思いますが、それは程度の問題です。もちろん全員がその気持ちを持っていますが、思いが強い人、普通の人、弱い人がいる。弱い人は自分では気づきませんが、監督が見れば「ダメだ」ということになる。

たとえばそれは、試合でベンチに座っているときの態度に表れます。ベンチにいても集中しているかどうか。自分が試合をしているように見ているか。味方を心の底から思っているか。

チームがバラバラなときには、誰かが試

合中にケガをしても「これでようやく自分の番が回ってきた」と思う選手が少なくありません。試合で戦っている選手と、ベンチが一体でない場合は、たいてい負けてしまいます。

本当にバラバラになったときには、強いチームでさえ空中分解して負けてしまう。それほどチームワークは大事なのです。個人の能力以前に、チームのためにすべてを擲てるか。葉隠的に言えば、「チームのために死ねるか」ということでしょう。

本気でチームを思えばミスはなくなる

ラグビーは、「生きる、死ぬ」をよりリアルに感じられるスポーツです。ワールドカップの南アフリカ戦で、日本代表チームが奇跡の勝利をおさめました。私は「ベストチーム・オブ・ザ・イヤー」という賞の審査委員長をやっているので、受賞した彼らに話を聞く機会がありました。すると、彼らは言いました。

「合宿を続ける中で、自分たちがチームの中で何ができるか、全員が考えるようになった」

もちろん衝突もあるのですが、長い合宿を経ていくうちに、言わなくてもわかる関係性になっていったそうです。ラグビーは体をぶつけ合うスポーツなので、大きな危険を伴います。選手自身も死ぬ気で、相手を殺す勢いで試合に臨む。そして勝ったのです。

「死ぬ気で」というのは、ボクシングなどで使う言葉だと思っていましたが、ラグビー選手も使います。それくらいテンションを高めてみんなで力を合わせていく。誰かが楽をしようとするとスクラムが崩れるので、「自分が絶対に砦《とりで》となる」という気持ちで集中力を切らしません。

つまり、身心を擲ち、嘆き奉る——チームについて本気で考えていれば、油断やケアレスミスもなくなります。ぼんやりしたミスがなくなり、高度なところで戦えるのです。私はスポーツ観戦が好きなので、毎日のように様々なサッカーの試合を見ていますが、点を取られる場面の六割くらいは、判断ミスです。

プロであっても、「え？　こんな判断ミスをするのか」と思うような場面が、半分以上を占めているのですね。それは、身心を擲って嘆き奉る心が足りないのではないか。「全員が死ぬ気」で戦っていれば、ボーッとしたミスはなくなるでしょう。

能力以前に志を持つこと。切なる気持ちでチームを思う心が大事だと思います。

辞めるのは次を決めてから

帰り新参などは、さても鈍になりたると見ゆる位がよし。しっかりと落ち着いて動かぬ位があるなり。（聞書第二、六四）

——長らく扶持《ふち》を離れていて、もう一度、もとに返り咲いたというような侍は、いかにも鈍くなったと思われるくらいがよい。しっかりと落ち着いて、物に動じないほうが望ましい。

心を定め、動じない

帰り新参というのは、浪人からもう一度返り咲くということです。心が決まっていれば、浪人になっても淀まず、釈迦や孔子や天照大神《あまてらすおおみかみ》が現れても心を動かす必要はないと説いています。

現代人でも一つのことに賭けている人は、目標にたどり着くまでに無収入の状態が続くことがあります。それでも「この道で行く」と決めたら突き進む。やがて道が開けること

転職の心得

① 充電期間を設けない

② 在職中に次の職場を決める

③ 立つ鳥跡を濁さず

所属先があると、個性が発揮しやすい

もあるし、開けなかったとしてもやり切ったという満足感が残るでしょう。本気でやりたいことがあれば、覚悟を決めてやり続けるのは大事なことです。

しかし、思い通りにいかないことはたくさんあります。ある浪人が、生計が立たないので他に行こうと考えていました。

そのとき常朝が「ここに生れ出でここに死ぬと落ち着き、我が宿と存じ候に付、悠々と朝寝も仕り候。（聞書第二、一三七）――他国に行くことを許されないのはありがたい。自分はここに生まれてここに死ぬと思っているから、悠々としていられる」と語ります。

会社の場合も、この会社で生きてこの会社で死ぬと思っていると、楽になる部分があります。左遷されても閑職に追いやられても、それはそれでいい。覚悟を決めてここにいるのだ。そういう気持ちでいると、毎日ゆっくりと眠ることができます。

所属先があれば個性は発揮できる

「動じない」といえば、今の若い人たちには、きちんとした組織に所属したら自分からは辞めないようにお願いしたいのです。最近は、就職しても二～三年で辞めてしまうことが多くあります。次の会社を決めた上で辞めるのならいいですが、「辞めてゆっくり考えたい」と言って充電期間を設けるのは問題です。なぜなら、私の周りを見ていると、充電と言っている間に漏電してしまうケースが多くあるからです。

充電期間というのは、余裕がある人の言う言葉です。普通の人は所得の途切れ目がないように、ちゃんと面接を受けて内定をもらってから辞める段取りをつけるべきでしょう。次の家を決めるから引っ越しをするわけで、転職先を決めずに辞めるのは、その間、野宿するようなものです。

常朝も、鍋島藩の藩士という所属先があったことが、彼の存在証明でありアイデンティティになっています。所属が自分のアイデンティティになるというのはごく普通のこと。個性というのは発揮できないと評価されないので、何かしらの所属があるほうが発揮しやすいのです。

『葉隠』は、一人で生きていくことを説いている本ではありません。すべては組織に所属している人の話であり、浪人は左遷みたいなもの。そのようなときにも心をしっかり持てと書いているのです。

聞き手は多いほどよい

「小者共小僧達皆参り聞かれ候へ、聞き手がすくなければ読みにくし。」

(聞書第一、三〇)

――小者たちも小僧たちもみな、ここに参って聞け。聞く人間が少ないと読みにくいぞ。

若殿は「人が少ないと読みにくい」と言って人を集めました。人のエネルギーは聞き手が多ければ多いほどパワーが出るのです。

人にかわいがられる人に

人のすかぬ者は役に立たず。

(聞書第一、一二三)

――人に好かれない人は、役に立たない。

武士の社会は、典型的な人の組織でした。優れた才能があったとしても、人に好かれなければ役を振ってもらえないのです。思い上がって生意気な口を聞いたり、自分のことばかり考えて自己中心的な人は役に立ちません。

今も昔も変わらないですね。

大酒、自慢、奢りに注意

奉公人の禁物は、何事にて候はんや。「大酒・自慢・奢なるべし。不仕合せの時は気遣ひなし。ちと仕合せよき時分、この三箇条あぶなきものなり」。（聞書第二、二）

——奉公人が注意しなければならないことは何でしょうか。「大酒・自慢・奢りだろう。苦労しているときは心配しなくてもいい。少し幸運に向かったとき、この三カ条に気をつけなければならない」

うまくいっているときは、自慢や奢りが出てくるときです。大酒にも注意しなければなりません。それにしてもお酒の話題が多いですね。江戸時代の人は、よほどお酒が好きだったのでしょう。

言葉は正しく使う

てにはが大事なりと云へり。これを思ふに、常々の物言ひ、心を付くべき事なり。（聞書第一、一四一）

——テニヲハの使い方が大切である。これから考えると、平素から話し方も十分に注意したほうがいい。

助詞の使い方が大事で、普段の話し方にも気をつけようと書かれています。武士というのは間違いがあってはいけないので、言葉についても非常に厳密でした。

第四章　リーダーの条件

上司の心得

麁《そ》に入り細に入り、よく事々を知りて、さて打ち任せてかまはずに役々にさばかせて（聞書第一、三四）

――大きなことでも小さなことでも十分にその内容を知っていて、その上でこれを人に任せ、口を出さずにそれぞれの係にやらせる。

細かいところまで知った上で任せる

上司の心得とは、細かいところまでプロジェクトの内容を知っているけれど、自分で全部やらないで任せること。聞かれたことには答えること。人に仕事を任せられるのも、上に立つ者にとって大事なことです。

今、私は大学で主任をしているのですが、ある人から「主任というのは、自分で何でもやるのではなく、人に割り振って見ていることだ」と学びました。

もともと、仕事の負担が偏らないように、合理的に進めていくのは得意です。今まで五

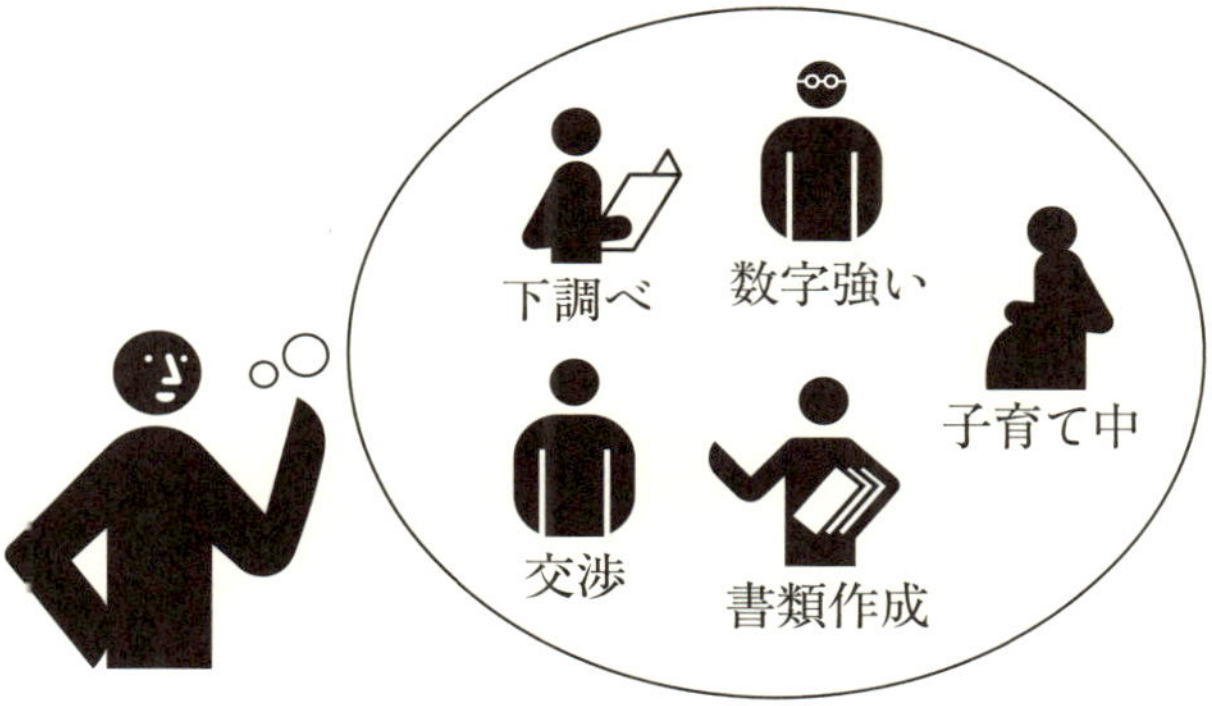

やる気を引き出すのは適正把握と公平さ

人の人が役目をしてきたなら、三人にしてみる。五回開いていた会議を四回に減らすなど、合理化しながらそれぞれの役割を割り振っていきました。

放っておくと、仕事というのはどんどん増えていきます。私の職場でもみんなが不思議に思っていますが、気づくと委員会が増えているんですね。そして、誰もが委員を三つも四つも掛け持ちし、来年度の委員は誰がやるかという話をしています。

大学で、高いサービスが要求されるようになったことも理由の一つでしょう。文部科学省からも「きっちりやる」ことを求められ、保護者からも社会からも求められるので、自然に仕事が増えていくのです。一方で教員の数は変わらないので、合理化して役を決めていかなければなりません。

その人の向き不向きを的確に把握する

「ベストチーム・オブ・ザ・イヤー」で取り上げられるチームも、役割を割り振る力と、それぞれがこなしていく力がポイントになっていると感じます。特に指図する人、割り振る人が肝心です。

公平に割り振るというのは、簡単なようで難しいもの。無作為に割り当てる方法もありますが、私の経験では誰がどの役目をすれば一番ストレスがないかを、当事者で話し合って決めるとよいと思います。

たとえば「交渉がストレスにならない人」と「交渉が苦手な人」がいる。「書類作りが得意な人」と「書類作りはすごく疲れる人」がいる。互いに自己申告し合うと、自然と棲み分けができていきます。

そして、正式な書類作りはこの人に任せようとか、目上の人との交渉はこの人に任せようとか、みんなのストレス量を減らす形で割り振れるようになっていきます。

また、家庭の事情や様々な理由で業務を行うのが大変になる人が出たときには、「今年はこの人の仕事をみんなで手分けしよう」とストレスを減らすようにする。公平というだけではなく、みんなの気持ちが楽になるような割り振り方をするのが、リーダーの役目です。

ただ、上に立つ人が事細かに指図をしすぎると、自分で判断する習慣がつかなくなるので、注意しなければなりません。任せるものはちゃんと任せて、責任は自分が取る。それが、よい上司の在り方です。

指示は明確に。そして繰り返し伝える

最前の不調法は我等なり。（聞書第四、六〇）

——最初の不行き届きは予であろう。

自分の非を認める

仕事を頼んだ人がミスをしたときのことが書いてあります。

鍋島忠直公が、そばに仕えている家来を父である勝茂公に使いに出したのですが、用向きを間違えて伝えたために用が足せませんでした。周囲の家来たちは「けしからん！」となり、叱ったほうがいいだろうということになりましたが、忠直公はもう一度その人を使者に立て、詳しく言って聞かせ、何度も言い含めて再び送り出します。そのため二度目は無事に務めを終えることができました。

忠直公は年寄たちを呼び「最初は、こちらの言い方がおおざっぱすぎた。使者が聞き間違えたのであろう。うまくいかなかったのは、自分のほうに非がある。指示の仕方が曖昧

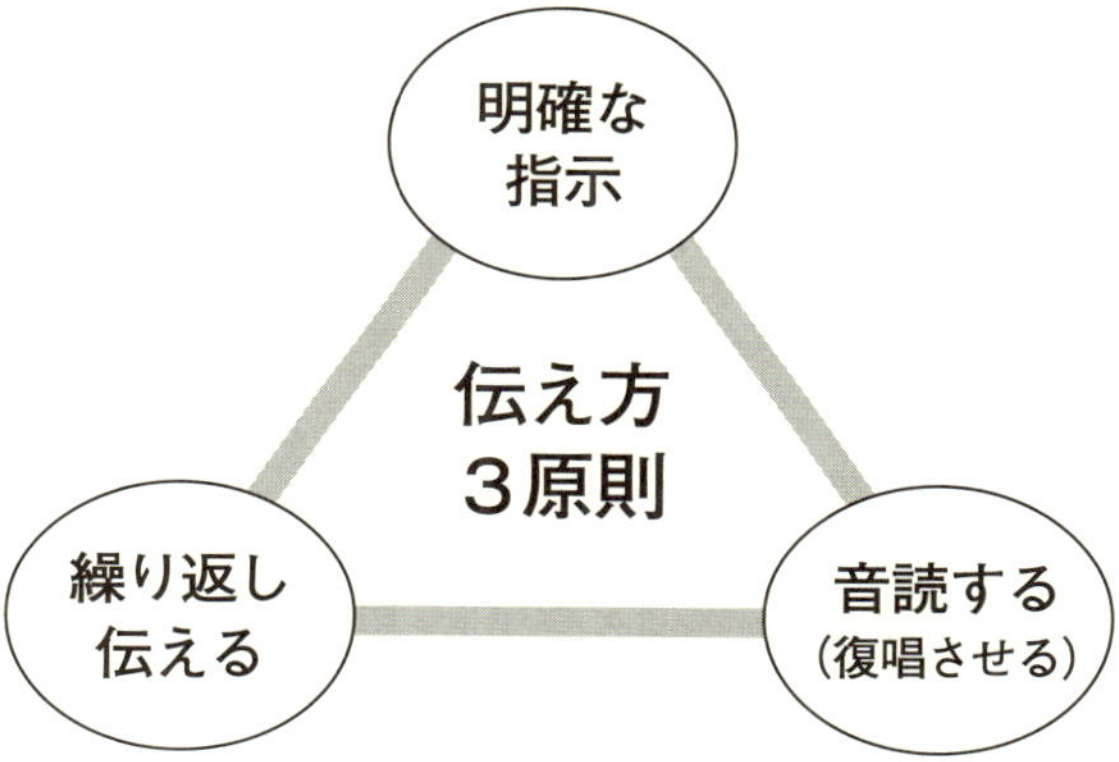

できるようになるまで根気よく

だったのだ」と言われ、使者に咎《とが》はないと伝えました。

会社でも、仕事がうまくいかないときは、上司の指示の仕方が曖昧な場合があります。ふわっとした言い方では、明確に伝わりません。

私も大学で「今週はいい企画案が出てこないな」と思ったら、前の週の自分の指示がぼんやりしすぎていたことがありました。学生たちは一生懸命考えてきたけれど、指示がぼんやりしていたのでやりにくかったのです。あとから学生たちに「こう言ってくれたらよかったのに」と指摘され、悪かったなあと気づくことがあります。

音読するとミスが少なくなる

間違いをなくしたいときには忠直公のよ

うに、細かい点までその場で部下に復唱してもらい、確認をとってから送り出す。そうすると、行き違いもなくなるでしょう。

今の時代はメールもありますが、読み飛ばしていたり、思い込みで読んでいるときもあります。ちゃんとわかっているかどうかを確認する手段として、「復唱方式」は有効なやり方です。

ある工場ではミスがなくならなくて困っていましたが、具体的に列挙してみんなで音読したら、ミスが激減しました。ちょうど私が『声に出して読みたい日本語』を出版したばかりのころだったので「声に出すというのは本当に効果があるんですね」と、直接お話をうかがったことがあります。

単純なようですが、無駄だと思わずに書いて音読してみる。人間の意識というのは、結構シンプルなものです。

ところで、ミスしたときの上司の態度は肝心ですね。叱るのではなく、同じ人に「もう一度やってみろ」と忠直公は言いました。「そもそも自分に責任がある」と言える上司はとても素敵です。

無駄と思ってもあきらめない

指示や指摘は明確に伝えるのはもちろんですが、それに加え、繰り返し伝えることが大事です。常朝は「意見に逢ひ申し候脇はすこし控へ申し候。(聞書第六、四九)」と記しています。「私自身、五歳のころから酒好きで、成人してから大酒を飲み、たびたび人から意見されたが聞き入れなかった。しかし、意見をされたときだけは少し酒を控えたものだ。だから、無駄と思っても書きおく」と言うのです。

無駄とわかっていても、言わなくてはならないときがあります。子育てなどでは五十回言って聞かなくても、百回言えば聞いたかなということがある。百回でダメなら百五十回、二百回でダメなら三百回言ってみるのです。

そうすると、普通の子よりは勉強する子になるでしょう。子どもの自主性に任せていたら、ほとんどの子どもは勉強なんてしませんからね。

ミスを直すことも、何度でもあきらめずに言っておく。それが積もり積もってポイントがたまり、ある日突然ポイントの福引券がたまって、ガラガラが回せるようになることがあります。それくらい、倦《う》まず弛《たゆ》まず言い続けることが大事です。

ほめて育てる

若き者には、少々の事にても、武士の仕業を調《ととの》へ候時は、褒め候て気を付け、勇み進み候様仕《つかまつ》る為にてあるべく候。（聞書第一、一六）

――若い者に対しては、少しでも武士らしい所業があったときには、ほめて喜ばせ、勇往邁進するようにしてやるためなのである。

さりげなく、具体的にほめる

若者は、ほめて伸ばそうというのが、武士の道です。

「江戸時代もそうだったの？」と驚くかもしれませんが、常朝は「ほめて喜ばせることで本当の勇気が出てくるのだ」と語りました。

少しでも武士らしいことをしたら、ほめる。少しでもいいところがあったらほめる。小さなことでも、肥料のようにほめ言葉をあげると、だんだんそれが大きくなって、またほめるとさらに大きく育っていきます。

こんなほめ言葉が効く！
「この間のプレゼン、 すごくよかった。期待してるよ」 「○○さんが、すごくほめていたよ」 「いつも細かいところに 気づいてくれるから、助かるよ」 「そのアイデアいいね！ それに○○を加えたらどうだろう？」

やる気と自信を育てるほめ方をしよう

仕事に慣れていない人には、さりげなくほめるメールを送るといいでしょう。「この間のプレゼンで、とても評価されていたよ」という具体的な言葉一つで、若い人は意識が変わります。

特に効くのは、伝言形で伝えること。直接ほめるのもいいのですが、「あの人がすごくほめていたよ」と言うと、リアルな感じがして自信につながります。そして、ただ「いい」と言うだけではなく、「きわめていいものだった」とか「君には十分な資質があるよ」という一言も大事です。

ほめ言葉を積極的に使うと、若い人は勇気がどんどんわいてきます。勇気というのは、自信につながります。最初から勇気や自信がある人はいません。だから若いときには、勇気を与えることが大事なのです。

経験の少ない人が仕事をしたときには、特にきっちりほめる。そのとき言葉を少し盛ってあげると、さらに自信が持てるようになるでしょう。そこからまた、新しいことにチャレンジする勇気がわいてきます。

世の中には、一言に大変な影響力がある人もいます。

私の友人は、社員数千人の会社の経営者です。彼はなるべく一人一人に声をかけるようにしていますが、もしかしたらその言葉を受け取る社員にとっては、一生に一度の機会になるかもしれない。彼は、常にそれを意識していると言います。

心がけているのは、ネガティブな言葉は言わないこと。なぜなら、一生に一度かもしれない一言が、ネガティブだったら本当につらくなってしまうから。できるだけポジティブな話し方をすると語っていました。

上に立つ人のネガティブな一言は、相手のやる気をくじいてしまいます。しかし、たった一言のほめ言葉が、相手の宝物になり勇気と自信を与えることもあるのです。武士でさえ、「ほめて育てる」ことが大事だと言っています。現代に生きる私たちも、ほめる力を身につけるべきでしょう。

〝いつも気にかけている〟というサイン

「義経軍歌に、『大将は人に言葉をよくかけよ。』とあり。（聞書第一、一三一）――義経百首軍歌の中に『大将は、人に言葉をよくかけよ』というのがある」は、戦の名人と言われた源義経の和歌を引き合いに出しています。このあとに、「いざというときはもちろん、平素から『これはよくやった、ここのところをさらに力を出してくれ、なかなか剛の者だぞ』と声をかければ、下の者はよく働く」と続いています。

武士の世界も、一言ほめコメントが大事だったのですね。大将にねぎらわれると嬉しかったんだ、いつの時代も変わらないものだなあと思います。

義経の時代以上に、今の時代は自信をなくしている人が多いので、もっとたくさんのほめコメントが必要です。毎日ほめを繰り返し、気にかけているというサインを送り、みんなの勇気と自信を育てるようにしていきましょう。

やる気が出るほめ方

軍に法なし、敵に勝つを軍法とす。（聞書第三、六）

――戦をするのに決まった法というものはない。敵に勝つのが軍法である。

勢いをほめる

これは、秀吉の言葉です。

薩摩に秀吉が入って行くとき、鍋島の佐賀勢が軍法に背いた進軍をしていたので、ある人が「軍法を正すように」と言います。しかし秀吉はそれを聞き「敵に勝つのが軍法である。彼らは九州でも有名な戦上手だ、任せておけ」と言いました。

また、秀吉の前で大名衆が生け花をしたときのこと。直茂公は花の心得がなく、両手で握って束ねたまま花器に突き刺し、そのまま差し出された。それを見た秀吉は、「花はわろく候へども、立て振りは美事。（聞書第三、七）――花の形は悪いが、活けぶりは見事である」と言われました。

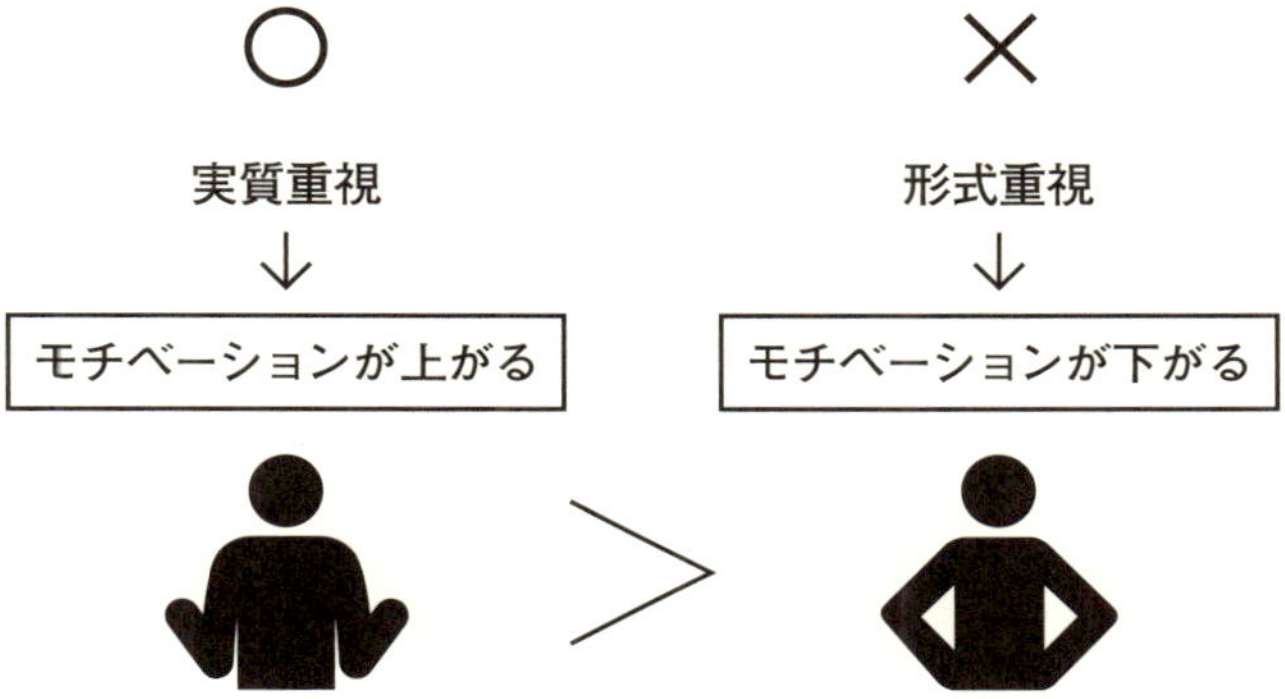

部下のやる気は上司次第

　秀吉の物の見方が、それぞれの言葉に表れています。

『葉隠』には、秀吉の話がたびたび登場しますが、そのたびに秀吉は人の勢いをほめ、やり切るところをほめています。これは、上司の在り方として非常に学ぶところがあります。

　細かい手続きを踏まなかったけれど、結果を出そうとしている人には「結果が大事だ」と言うのが秀吉です。

細かいことをあれこれ言わない

　このように実質を重んじる上司がいると、部下は働きやすくなります。誰でも働きたくないわけではないし、結果を出したくないわけでもありません。しかし、細かいことをあまりぎゅうぎゅう言われると、チームはだんだん縮んでいってしまいます。

そのときに「思ったようにやってみろ」「活けぶりは見事だ」と言ってくれる上司がいれば、どれほど励まされるか。

身近な若い人が積極的に仕事をしたときには「発想がいい」とか「成約には至らなかったがチャレンジは見事だ」と、秀吉のようにほめましょう。

エネルギーを殺さないのが秀吉のやり方です。心が縮まないようにして、仕事に向かわせる。そうすれば、やる気はどんどん出てきます。

秀吉は細かいことをあれこれ言わず、勢いを大事にしました。ほめどころというのはいろいろありますが、やる気が出ているところをほめるのが一番です。

私の場合も、大学の教室では、学生たちが一番エネルギーをかけているところをほめています。それがわからない場合は「どこを一生懸命やったの?」「ウリは何?」と本人に直接聞いてしまいます。そうすると「発想です」とか「ここを頑張りました」と答えが返ってくるので「なるほど、ここはよくできているね」とほめやすくなります。

チームの士気を上げる

往来の人を見るに、大かた上瞼《うえまぶた》打ちおろし、地を見て通るものばかりとなりたり。気質がおとなしくなりたる故なり。勇むところがなければ、槍は突かれぬものなり。（聞書第三、四六）

──往来の人を見ると、たいてい目を下に向けて地面を見て通る人ばかりになった。気質が温和になったせいである。気持ちに激しいところがなければ、槍を突きまくることはできないものだ。

負けているときのチームのまとめ方

鍋島藩は、槍が有名でした。ところがどうも最近、みんなの槍の腕が鈍っています。「気質が温和になったからだろうか。時には大ボラでも吹きまくって、壮大な気持ちを持ってこそ、武士の役目を果たせるというものだ」と常朝は語っています。

近ごろわがチームは元気がない、顔が下を向いている、というのはよくあることです。監督や上司は「顔を上げろ！」と言いますが、負けているときにはみんながうつむいてしまうものでしょう。

上に立つ人は、チームの士気を見るのが重要な仕事です。士気という言葉は若い人の間ではあまり使われませんが、戦う気風を作るということ。顔を上げ、前向きな気持ちを持つのです。チームというのは、士気が下がったときこそ大事です。

まずはチームの人を安心させること。たとえば売り上げが下がっても、「大丈夫、回復できる」とまずは声をかける。そして、「こうしてみよう」とアイデアを出してみる。「これならいけそうだ」と思えるビジョンを提示することが、大切です。

サッカーでも二対〇で負けているときには、元気が出てきません。しかし、何かの拍子に二対一になると、急にチームが元気になります。まるで同点になったかのように、士気が上がってきます。

学生の指導中にも、教室全体の士気が下がることがあります。たとえば、プレゼンの練習で声が小さい人に「声が小さくてはっきりしないよ」と言うと、いよいよ縮こまってしまいます。昔の学生なら「もっと声を出せ！」の一言ですみましたが、今はそういうわけにはいきません。

そんなときは「君、声が出てるね」と反対のことを言ってみる。

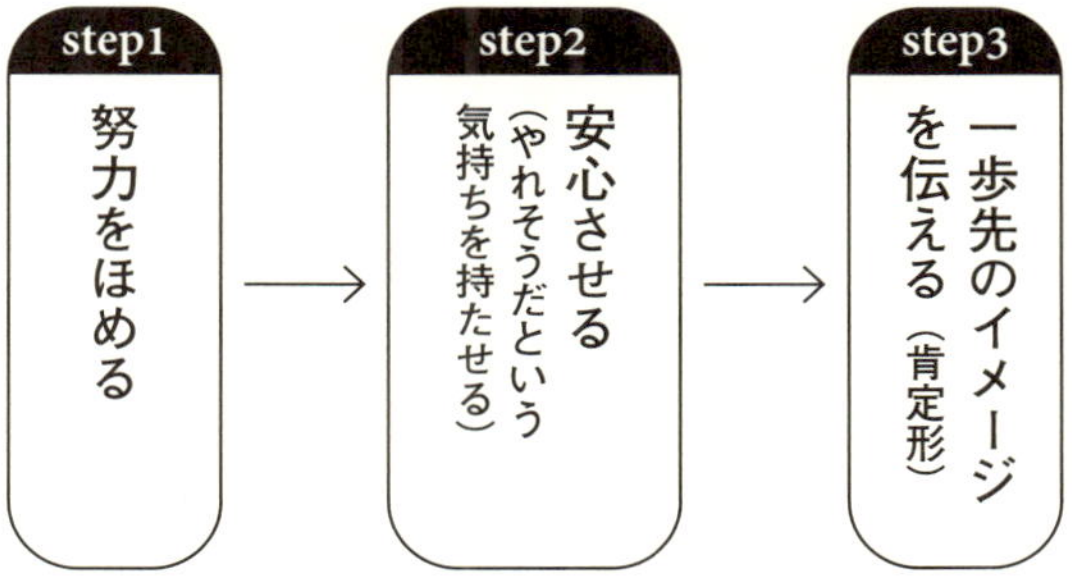

下がってきたらすぐに、明るく声かけを

「自分では出ていないと思いますが……」
「出てる、出てる！」

ある意味で、次のステップの言葉をかけてしまうのです。あまり準備のよくないクラスに行ったときは、「今日はプリントも用意して準備がいいね」と言ってしまう。学生たちは、「そう言われたらやるか」という気持ちになるんですね。

一つ先のいいイメージのことを、すでに実現しているかのように語ると、明るくなり、士気が上がります。

そして、言葉をかけるときに大切なのは、最後を否定形でしめくくらないこと。「今、勉強しないと落ちちゃうよ」と否定形で言うと暗くなるので、「こうすれば受かるよ」「こうすればうまくなるよ」と肯定形で言うように心がけましょう。

部下にこそ親切に、丁寧に

物頭《ものがしら》などは、組衆に親切にあるべき事なり。（聞書第一、一八七）

――物頭などになる人物は、組下の者に親切でなければならない。

真情を伝える

家老の中野数馬は、仲間が病気になったときには毎日見舞いに行きました。彼のその人柄に、組中がついていったと言います。家老のような重役であっても、部下への心づかいを大切にしていました。

サッカーの三浦知良《かずよし》選手が、二百人並んでいたファン一人一人にサインをしたとニュースになったことがありました。ファンに対してこのように丁寧に接するのは素晴らしいこと。部下やチームの仲間など、相手が誰であっても同じことが言えるでしょう。

常朝が、若いころに聞いた忘れられない言葉に、「其方《そのほう》は末頼もしき器量にて候。我が死後に御家を偏《ひと》へに頼み申し候。大義ながら御国を荷《にの》うて上げ候へ。（聞書第二、一一二）

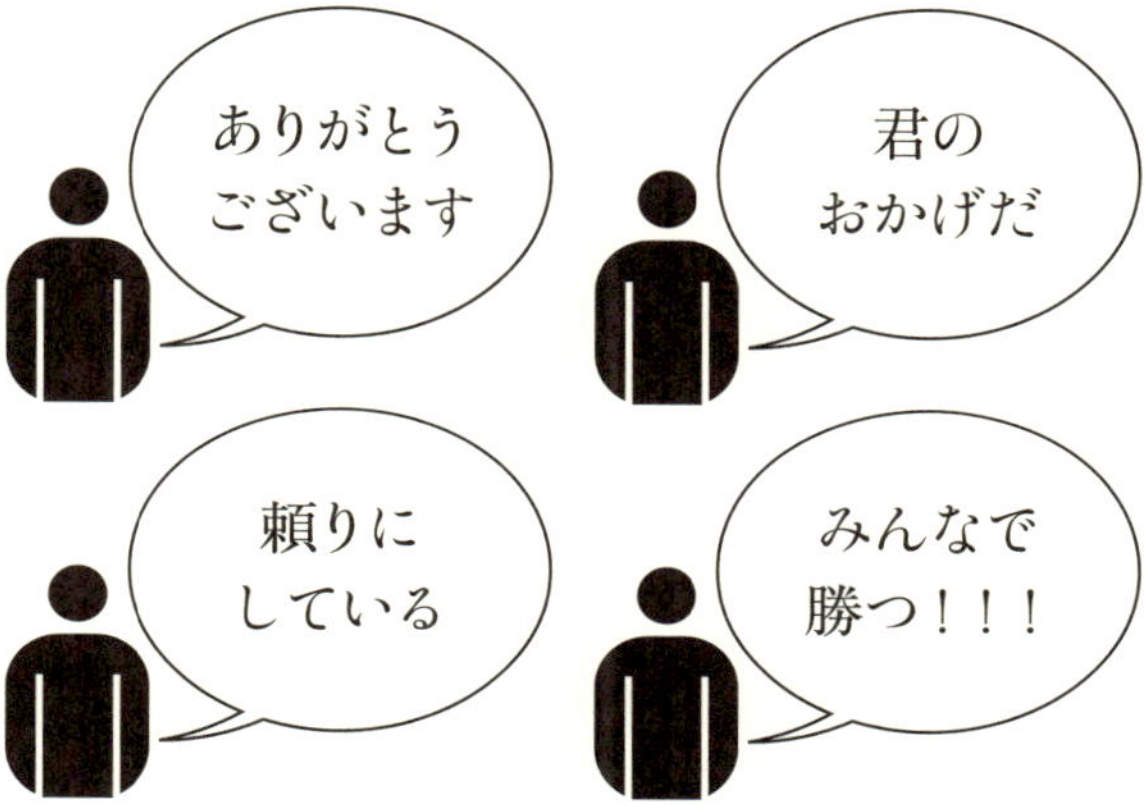

心をこめて、相手の心にしみる強い一言を

——その方は、将来見込みのある能力を持っておる。自分が死んだあとは、お家のことをただひたすらにお願いする。ご苦労なことであろうが、お国を担ってもらいたい」というものがあります。

常朝に対して、この人は涙を流しながら語りました。

「君は末頼もしい器量を持っている。頼んだぞ」。そう言ってもらえて、常朝も意気に感じるところがあったのでしょう。

今の時代は、軽い気持ちでサクッと話をすることのほうが多いのですが、「本当に頼んだぞ」と言って任せるときの、真情の伝え方は違います。

ビートたけしさんは、自分の持っている対談や連載に後輩がゲストとして出演すると、「本日はありがとうございました」ときっちりお礼を言われます。たけしさんくらいの人ですから、普通に「ありがとう」と言うだけでもいいと思うのですが、きっちり言う。そうすることで、思いがしっかり伝わるからでしょう。

思いは必ず言葉にする

若い人は、誰かに見込まれたら思わぬ力を発揮するものです。そのような言葉を、職場などで言ってみるのもいいかもしれません。

「君は頼もしいから、ここのところを頼むよ」

「私のあとは、しっかり頼んだぞ」

強い思い、よくしていこうという思いは言葉にしたほうがいいのです。本気でいいものを作ろう、本気で盛り立てていこうと言っているうちに、自然に周囲も盛り上がっていくことがあります。心にしみる強い一言を言えるかどうかが、勝負のカギを握ることもあるでしょう。

かつて長嶋茂雄さんは、その試合で勝ったら優勝が決まるという中日ドラゴンズとの決戦で、ロッカールームで「勝つ、勝つ、勝つ！」と叫んだそうです。「勝つ、勝つ、勝つ！」と強い声で言う人がいると、チーム全体がその気になる。そして壮絶な試合の末、巨人軍は勝ちました。そういう思いの伝え方もあります。

意見するときこそ慎重に

人に意見をして疵《きず》を直すと云ふは大切の事、大慈悲、御奉公の第一にて候。意見の仕様、大いに骨を折ることなり。恥をあたへては何しに直り申すべきや（聞書第一、一四）

――他人に意見して、その欠点を改めさせるということは大切なことで、大慈悲の心にもかなない、ご奉公の第一である。意見をするには、ずいぶん苦心しなければならない。相手に恥をかかせるようなことで、どうして直すことができるものか。

相手に恥をかかせない

人がやったことについて、良し悪しを見出すのは簡単なことだと書かれています。意見することも難しくはない。しかし、人が言いにくいことを言ってあげるのが親切だと思うのは間違いで、自分の気晴らしにすぎないというのです。

意見というものは、まず相手のよいところをほめて、心を受け入れやすくしてからアドバイスをすること。そして一番大事なのは、恥をかかさないこと。恥を与えてしまっては、直るものも直りません。これは、今の時代にもよくあることです。

みんなの前で叱られるのは、どんな人でもいやな気持ちになります。子どもでも、若い人でも同じこと。熱心なあまり、その場で強い口調で注意をすると、その意見がどんなに親身で正しくても、相手はまったく受け入れられないということが起こります。

「恥をあたへては何しに直り申すべきや」とありますが、みんなの前で恥をかいたということだけが記憶に残って、修正がきかなくなります。

武士の世界くらい厳しいところに身を置けば、少々のことならズケズケと言うのではないかと想像しますが、「恥をかかせてはいけないものなんだよ」と常朝は言うのです。

日頃からのコミュニケーションの積み重ね

悪いクセを直すには、コツが必要です。意見を受け入れてくれるか、受け入れてくれないかはその人の気質にもよるので、まずは気質をちゃんと判断すること。次に、気軽に話ができる懇意な間柄になること。そして、普段からその人が好きな話題などをふって信頼関係を築き、ほめること。その上で、指摘しなくても本人が思い当たるように仕向けていきます。

○	×
① 一対一	① その場や大勢の人の前
② よいところをほめる	② 強い口調で指摘
③ 具体的にアドバイス	③ 過去の出来事にも遡る

言いづらいことほど慎重に

「渇くとき水呑《の》むように請《う》け合わせ、疵直るが意見なり」。のどが渇いたら水を飲むように、本人に気づかせるのが大事なのです。

　気質を判断し、信頼関係を築いて、ようやく本人に気づかせるところまでたどり着ける。回り道をすることになりますが、人にはそれぞれ誇りがあるので、傷つけてはいけないという武士の配慮です。

　かつては、先輩が後輩に対してずけずけとモノを言うこともありましたが、今の若い人はそういう人間関係に慣れていません。職人の世界でも昔は厳しく叱ったものですが、今はやわらかくアドバイスをしないと、辞めていってしまいます。

　五十代くらいから上の世代は、ずけずけとモノを言われる時代に育ってきましたが、今は時代が激しく変わっているので、自分の若いころのように部下を叱ってはいけません。江戸時代の武士たちも、人に意見をするときには非常に慎重でした。この慎重なやり方を知ると、慰めになるのではないでしょうか。

間違いを指摘するより大事なこと

上司や先生の間違いに気づいて、指摘したくなることがあるでしょう。しかし、すぐに指摘をしてはいけません。私自身、先生の間違いを指摘したために、関係を悪化させた経験があります。

漢字の読みが違っていたのですが、誰も気づかないのか、そのことを言う人はいませんでした。私は、先生が延々と間違いを口にすることが気の毒に思えたので、「それは読みが違うのではないですか」と指摘した。ところが、その途端に雰囲気が悪くなってしまったのです。

相手のことを思って言ったつもりでしたが、これほど関係が悪くなるのであれば、一生その人が間違えていたとしても放っておいたほうがよかったとさえ思いました。なぜそうなったかというと、先生自身が「学生の前で恥をかいた」と感じてしまったからだと思うのです。

やはり「恥にならざる様にして」扱うことが大事です。気づいたことをすぐに口にしたり、自分の意見を前に出そうとするのではなく、あとでよきに取り計らう。相手を気づかう気持ちが大切です。

間違っていることに気づいても、いったん横に取り置いて、「あとで検討することにしましょう」と言ってその場で恥をかかせないようにする。これができる人が、大人ということでしょう。

正しい評価の仕方

御鷹師《たかし》何某《なにがし》は、用に立つ者に候や。「何の役にも立ち申さず候へども、御鷹一通《ひととおり》は無類の上手にて候」「御鷹一通は無類の上手に候へども、不行跡者にて何の役にも立ち申さず」（聞書第四、一二）

――御鷹師のあの者は、よく役に立つ者か。「あの者は日ごろの行いが悪くて何の役にも立ちませんが、お鷹を使うことにかけては他に並ぶ者がございません」「かの者は、お鷹を使うことにかけては他に並ぶ者がないほどの者でございますが、日ごろの行いが悪くて何の役にも立ちません」

何を主文に伝えるか

あるとき勝茂公が、「あの御鷹師はよく役に立つか？」と聞かれました。

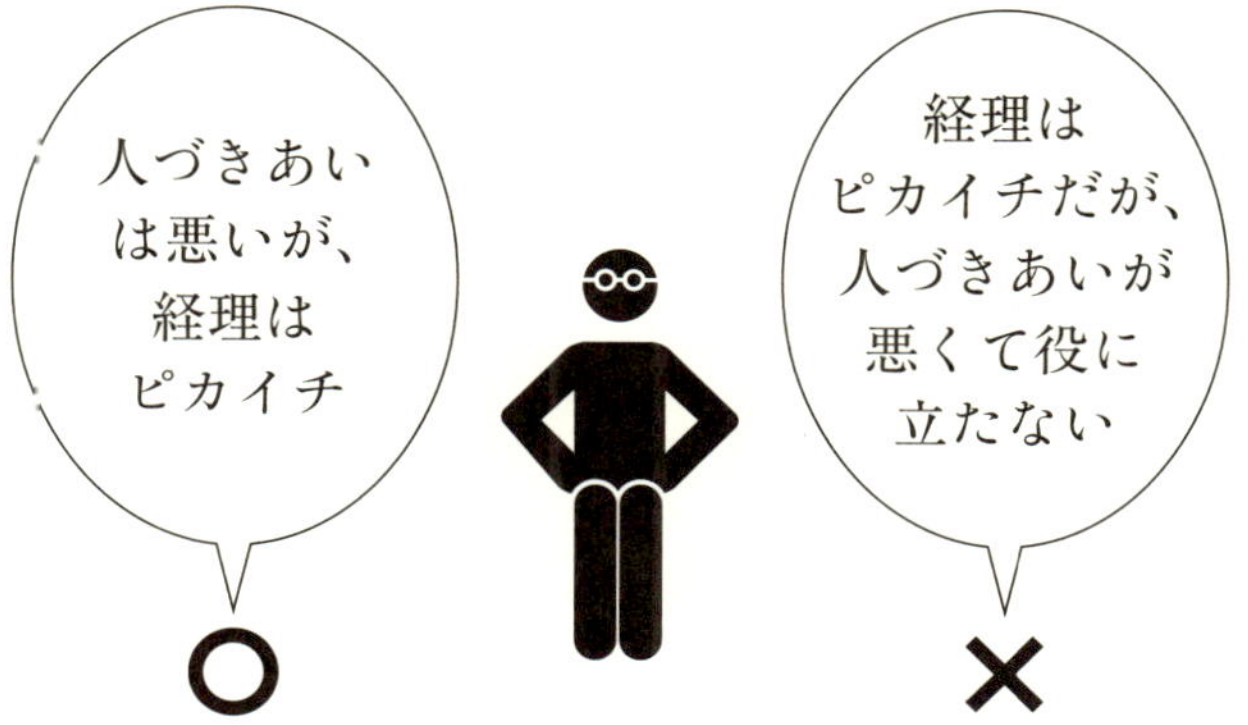

本業ができていれば問題なし

すると一人が「日ごろの行いは悪いが、鷹を使うことにかけては他に並ぶ者がいません」と答えて褒美をいただきました。

その後しばらくしてまた、同じように尋ねられます。「鷹を使うことにかけては他に並ぶ者がいませんが、日ごろの行いが悪くて役に立ちません」と答えたところ、今度は追放されたという話です。

答えている内容は同じようで違います。どちらを主文にするか、どちらを重視するかということでしょう。

「鷹師は役に立つか」と聞いているわけですから、人柄としては難点があったとしても、鷹師として有能ならそれでいいわけです。後者の発言は「何も役に立ちません」というのが主文になっていて見当はずれ。勝茂公はその見方が気に入らなかったのです。

本業においてしっかりやっていればいいわけです。その人の全部を見ようとすると、仕事の足を引っ張ることにもなりかねません。たとえば、「あの人は人づきあいが悪いけれど、経理はピカイチだ」という人は、やっぱり頼りになるわけです。

そういう意味で、「他の仕事はできないが、鷹は無類の上手」という言い方がいい。そこだけをしっかり見なさいということです。

欠点を並べる無意味さ

あるとき、組の中の年寄衆が「安芸守《あきのかみ》殿がわがままでよくない」と、彼の人物評価を書き出しました。そこには彼のよくない点が二十三も書いてあったそうです。

それを見た石見守《いわみのかみ》は言いました。

「安芸守には三つの優れた点がある。一つは、難しい要件で使者に立つ場合、安芸守に続く者はいないこと。一つは、他国に合戦などが起こって当家から加勢の勢を出すとき、大将となる人は安芸守以外にいない。一つは、評議を行うような事件があれば、奥の間では老功の人たち、次の間では若手の者が評議を行うが、次の間では安芸守の意見に落ち着く。この三つだ。これだけで、他の欠点は帳消しになる」（この三箇条にて、二十三箇条は皆消えて行く程の事にて候。誰にてもならぬ事に候間、異見無用。（聞書第八、一〇））。

ダメな点が二十三個あったとしても、肝心な点が三つあればそれでいい。あるいは一つでもあればいいという考え方です。欠点をあげつらうのは無意味だ。誰にもできないことができるからいいのだ、と。

今の時代は、まんべんなく欠点のない人を求めるようになっていますが、かつては「人間的に問題はあるが、とにかく仕事ができる」ということで、許された時代がありました。政治家だって、昔は品行方正でなくても政治能力がありさえすればよかったのです。経営者もそう、芸能人もそう。役者としてすごければそれでよかった。勝新太郎さんなどは、まさにそういう人でした。型破りでも、責める人はあまりいなかったのです。

他の人ができない仕事ができる場合、少々のことには目をつぶるというのが石見守の見方でした。今の時代にも必要なことではないかと思います。

トラブルなくクビにする方法

召使の者に不行跡の者あれば、一年のうち、何となく召し使ひ、暮になり候てより無事に暇《ひま》を呉れ申し候。（聞書第一、九六）

――召使に行いの悪い者があったときには、すぐに追い出さないで、その年だけは使ってやり、年の暮れがきたとき何事もなかったようにして暇を出されたということである。

静かに暇を出す

その場でバシッとクビにするのではなく、次の年はその人に任せない。とても日本的なやり方ですが、これが人間関係を荒立てずやっていく秘訣です。

会社でもこの方法はよく取られます。テレビ番組でもいきなり出演者を切るのではなく、三月までは任せて四月の番組改変時に姿が見えなくなります。

その人にダメだと言っても仕方がないので、任務から解いていく。あの人に任せるとうまくいかないと薄々わかっているときには、次に任せないようにするのです。

そうすると、役目を任される人はいくつも仕事をかけ持ち、任されない人はまったく仕事を任されないという不公平が起きてきます。ただ、役目を任されない人は、そのことに気づきません。本人には直接知らされず、仕事が減っていくのが普通だからです。

自分の仕事が少ないと思う人は、「何かやらかしたかな？」と思って反省するくらいがちょうどいいかもしれません。

アメリカのドラマなどを見ていると、クビにするときは即刻クビ。辞めなさいと言われた次の瞬間には、自分の席にも行けなくなります。情報が盗まれるのを防ぐためですが、非常に冷酷でもあります。

日本の場合は江戸時代から、「今すぐクビ！」とは言いませんでした。きりのいいときまで使って、静かに暇を出す。これが日本の伝統文化とも言えます。

仕事量のバランスを取る

仕事というのは、どんな職場でも仕事のできる人に集中します。そのうち誰かが倒れてしまうというのはよくあることで、管理職は部下の仕事のバランスをとらなければなりません。

たとえば、Ａさん Ｂさん Ｃさん三人の人がいて、Ａさんは仕事ができる、Ｂさんは普通、

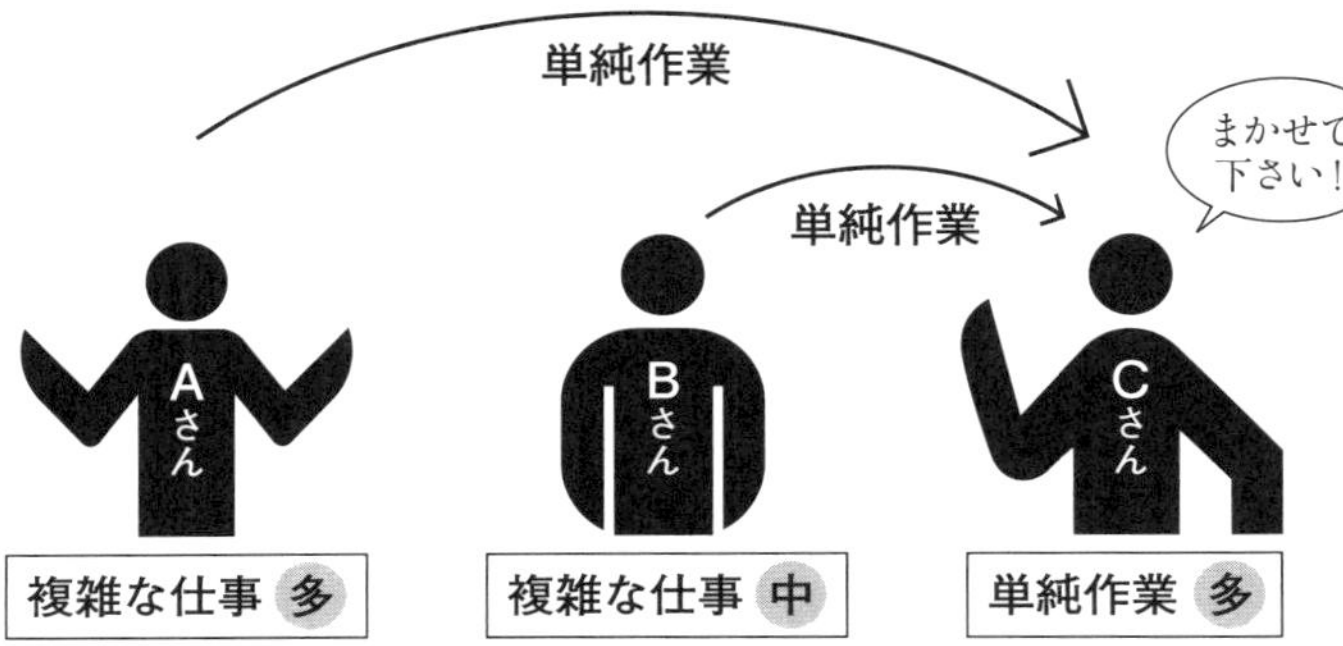

得意、不得意を見きわめる

Cさんはできないとすると、どうしてもAさんに仕事が集中し、Cさんは仕事が少ない状態になります。そこで、Cさんに仕事を回すことが必要になるのです。

どう回すかというと、より難しく複雑な仕事はAさんがやる。Aさんは簡単な仕事も引き受けているはずなので、そこをCさんに回して軽くします。アシスタントのようになりますが、単純な仕事も大事なので、仕事量としてのバランスを取ることです。

私の職場でも、放っておくとすぐに、仕事ができる人が全部背負う状態になっています。私は管理職で仕事を割り振る立場なので、会議ごとにその人の仕事をどう分散するのかが課題です。

自分の仕事が少ないと思ったときには、忙しい人に「手伝いましょうか」と声をかけるだけで人間関係がよくなっていきます。仕事がない人は、楽で嬉しいと思うより、不全感が残ることが多い。だから、大変な人の仕事を引き受けて手伝うと、みんなの気分も充実し、定時で帰れるようになります。

仕事はチームワークなので、フォローするのも仕事のうち。「単純作業でよければやりますよ」「封筒詰め、手伝います」と声をかけてもらうだけで、忙しい人は本当に助かるのです。忙しい人が単純作業も背負っていることは結構あるので、その人を楽にしてあげましょう。

また、盛り上げ役になることも大事です。よいアイデアが自分で出せない場合、アイデアが出せる人をほめると、チーム全体の雰囲気がよくなります。野球は下手でもベンチでにぎやかな補欠選手がいるように、そういう貢献の仕方もあるのです。

落ち着きは自分のため、周りのため

うやうやしく、にがみありて、調子静かなるがよし。（聞書第一、一〇八）

——いかにも謙虚で、苦み走って、立ち居振る舞いの静かなのがよい。

どっしりと構える

武士というもの、あまり軽々しく見えるようでは恰好がつきません。まずは、顔つきをしっかりさせ、「苦み走ったいい男」の雰囲気を身につけるのです。苦みというのは時代遅れかもしれませんが、男のセクシーさというのは、どっしりと構えて苦みがあり、もの静かなところに感じられるものです。

以前話題になった『イケメンゴリラ 君の瞳に乾杯!』（男前ゴリラ愛好会編、大和出版）の写真集を開いたとき、久しぶりに「男を見た!」と思いました。話題になったということは、みんながゴリラを見て「これが男らしさだ」と思い出したのでしょう。顔が苦み走っているのです。

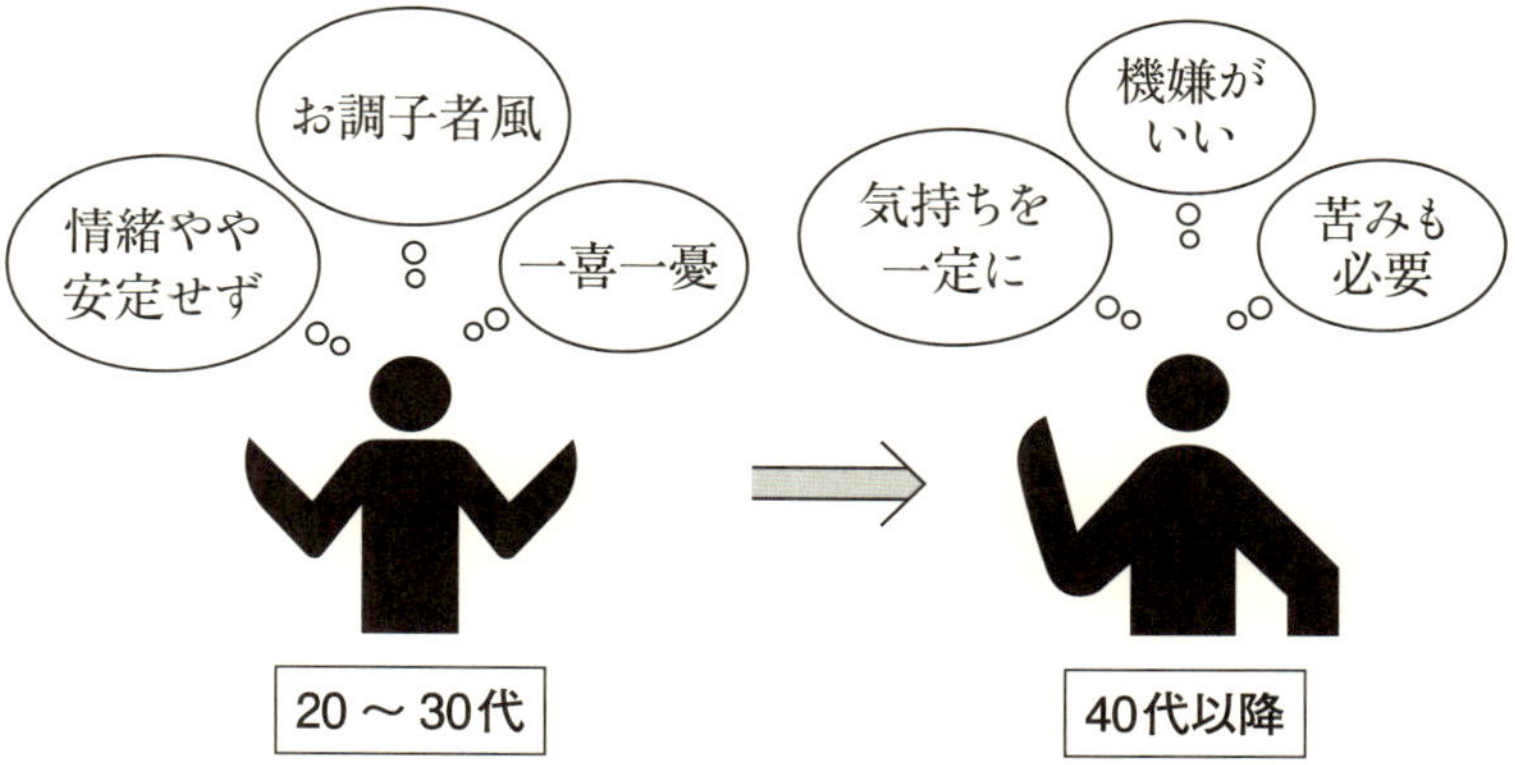

目指すのは重石のような安定感

今は、優しくてツルツルで顔のほっそりした男子が人気ですが、イケメンゴリラは正反対。にこりともしないような目つきで、しかし静かにたたずんでいます。

ゴリラなので、誕生日プレゼントを雌ゴリラに奪われるとまた奪い返すような粗暴なところもありますが、なかなかのいい男。まさにイケメンゴリラは、私の中の武士のイメージです。

高倉健さんが亡くなったとき、「本物の男が減っていくな」という感じを持たれた人は多いでしょう。映画の中の健さんは、謙虚で苦みがあってもの静かな人でした。実際の健さんはよくお話をされたようですが、みんなが求めていた姿は男の中の男。「これぞ高倉健だなあ」という役柄ができる人でした。

いつも気持ちは一定に

今の時代によい男を目指すなら、情緒を安定させ、機嫌は常によく、一喜一憂したり、怒ったりしないことでしょう。自分の気持ちを安定させた上で苦みが加わると、風情のある武士の顔になる。少し古いのですが「太陽にほえろ！」で石原裕次郎が演じたボスのような雰囲気でしょうか。

ボスがいると、その組織は落ち着きます。若手は若手で走り回りますが、ボスは座っていてどっしりと重みを感じさせるのです。

私は、子どものころから非常に軽いお調子者で、学級委員長をやっても、決して落ち着いた存在ではありませんでした。しかし、四十歳や五十歳になっていろいろな場でお調子者風にやっていると、周りが落ち着きません。

テレビ番組でも、本当は軽いコメントをしたいのですが、妥当な意見をきっちり話す役割を当てられることが増えました。軽くはしゃぐ場面は若い人で、「締めの言葉をお願いします」と言われるのです。

「番組というのは重石が必要です」とプロデューサーに言われて、そういう役割の人がいると番組を見ている側も落ち着くことがわかりました。ずっとしゃべり続けてきたので、思いがけないことでしたが、年齢に合わせた役回りなのでしょうね。

この本を読んでいるみなさんも、酸いも甘いもかみ分けた、あたふたしない上司を目指していただきたいものです。

あたふたしない

武士は何が起きても落ち着いていた、というのが「我はねむたき程に唯今寝入り候。家は焼けても苦しからず、書物蔵へ火消を上げ候へ。(聞書第五、六三)――わしは今、眠くなったところだ。これから寝ることにする。家など焼けてもかまわぬ。しかし、書物庫には火消をあげておけ」には、よく表れています。

これは火事が起き、お屋敷まで火の粉が飛んできたときのこと。火消をどうするかと光茂公のご意見をうかがったところ、こんな答えが返ってきたというエピソードです。「家なんて焼けてもかまわぬ。眠いから寝る」というのは、何とも度胸が据わっています。そして「書物庫だけは大事だから火消を上げておけ」と言って、任せて寝てしまった。上に立つ者はあたふたしません。部下に対する信頼の厚さも表れています。

書物庫だけはリスクを避けてくれたら、他のところは少々失敗してもいいよという鷹揚《おうよう》さも感じられます。

人が集まるのはリーダー次第

よき人出来《でき》候事は、我が力にて成る事なり。物毎《ものごと》好きの者は集まるものなり。（聞書第四、五五）

——立派な人物が出てくるということは、自分の力でできることだ。何事でも好きなものは自然と寄ってくるものだ。

あなたは「人」が好きですか？

立派な人物が出てくるのは、自分の力でできること。指導者次第です。

人物を育てるノウハウというより、人間が好きなら人間が集まってくるよということ。花を好きになれば、それまで一種類も庭に花がなかったとしてもどんどん花が集まってくるようになるし、虫好きな人のところには虫が集まってきます。人好きな人のところには、自然に人が集まってくるはずです。

高校の部活の指導者も、本当に部活が好きで子どもたちが好きであれば、生徒が次々に

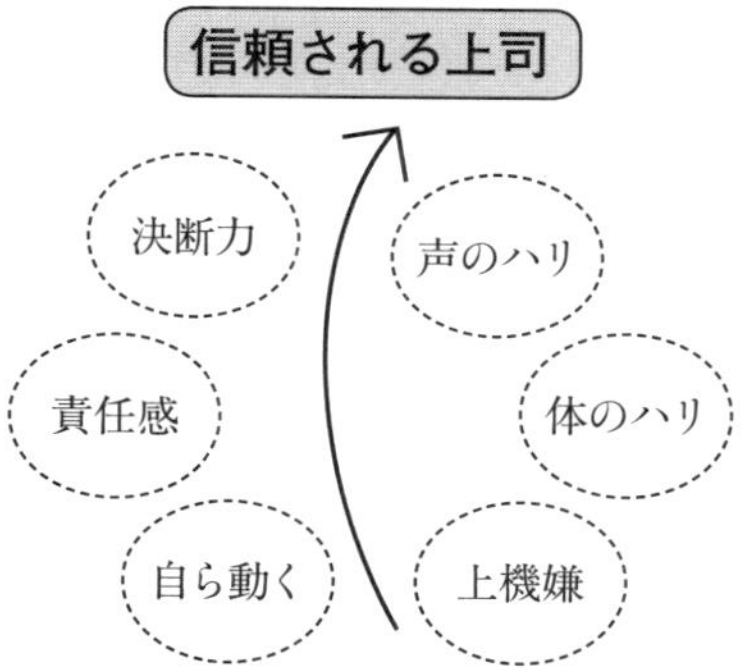

信頼されれば、いい人が集まってくる

集まって強くなっていきます。その先生が異動して他の学校に行くと、また行った先の学校が強くなっていく。

自分の周りにいい人材がいないという人は、自分がもっと人を好きになる必要があるでしょう。

福沢諭吉は『学問のすゝめ』のラストで「人にして人を毛嫌いするなかれ」と綴っています。ここでは殿様である直茂公が、同じことを言っているのです。

心身の充実が大事

心身の充実がリーダーにとってどれほど大事かが、次のように綴られています。

「勝ちといふは、味方に勝つ事なり。味方に勝つといふは、我に勝つ事なり。我に勝つといふは、気を以て體《からだ》に勝つ事なり。心身を仕なして置かねば、敵に勝つ事はならぬなり。（聞書第七、一）——敵に勝つということは、まず味方に勝つことである。味方に勝つということは、つまりはおのれ自身に勝つことである。おのれ自身に勝つということは、気を持って体に勝つということである。心身を練っておかないと、真に敵に勝つことはできない」

これは、成富兵庫《なるとみひょうご》という人の言葉です。

体にハリがあり、声にハリがある。それは気というもので、気があるから勢いが出て、みんなの気持ちを引っ張っていくことができるのです。敵に勝つにはまず味方に勝って、この人はすごいと思わせることでしょう。

小学校ではよく学級崩壊が問題になります。これは、子どもたちが先生を甘く見ているから起きる問題です。先生の気力が足りない。とにかく教室では、子どもたちに勝たないと、言うことを聞かなくなります。子どもというのは気を敏感に感じるので、先生が変わった途端、静かになったりします。

中学や高校になると、同じクラスなのに教科で先生が変わるごとに、生徒たちの態度が豹変するということも起きます。先生の気力が優っていれば、体に表れます。すべては自分の気を充実させることから始まります。

教師なら、最初の四月の授業のときに気を張って、さわやかに、しかも力強く、「この先生はすごい」とか「力がある」とか「この先生の前で変なことをしたら怖い」とか、いろいろなことを感じさせないといけません。教育というのは、子どもとの気の勝負です。
会社になるとそこまで大変ではありませんが、ゆるんだ職場やミスの多い職場は、たいていリーダーの気が抜けています。

細かいことは気にしない

常朝が大阪に滞在中、遠藤六兵衛という人がお酒を注ぐ役をしていてガラス瓶を割ってしまいました。その場で六兵衛を佐賀に送り返す話し合いが行われましたが、殿は「偶然のことだ。自分でも思いもよらない過失なのだから、罪にはならない」と言われました。「自分のためにわざとやったことでなければ、責めるのはやめよう。客の前で割って座を白けさせたというが、誰もそんなことを望んでやる者はいないのだから、厳しく叱りつけないように」とおっしゃったのです。

わざとでなかったら許されるのかというと、そういうものでもありませんが、殿は「まあいいじゃないか」と言っている。

上司たるもの、これくらいの度量の大きさを見せるべきでしょう。このようなことは誰にでもあるものだ。自分の身を案じてみなさいと、殿様はとても落ち着いています。

よい殿がいると、よい家来も育っていくでしょう。

若い人の魅力

今時分の者、無気力に候は無事故にて候。何事ぞ出来候はば、ちと骨骨《ほねぼね》となり申すべく候。（聞書第二、一二八）

――今どきの人の気力が落ちているように見えるのは、平和だから。事が起これば、しっかりしますよ。

ゆとり世代に向けてかけてあげたい言葉ですね。常朝は、「今どき」ということに対して、文句ばかりを言う人ではありませんでした。若者のよさもしっかり見ていたのです。

引き際の美学

惜しまるるとき散りてこそ世の中の花も花なれ人も人なれ（聞書第四、七九）

――花は一瞬咲き、散っていくからこそ美しい。人も惜しまれるときに散ってこそ、美しい。

武士の覚悟を示す歌です。桜が一年中咲いていているなら、あれほどの風情はなくなります。人も同じで、最期の死に際が大事だということです。

現代において、追い腹や切腹はあり得ないことですが、仕事の上ではそのポジションをはずされることがあります。プロジェクトから離れたり、左遷されたり、様々な形で引き際がやってきます。そのときに、この言葉を思い出してはどうでしょうか。

みんなに声をかける

家中一人も残らず能役《のうやく》を仕り候に、両人の者ばかり罷《まか》り出でず候てはいかがに思召され候。当日ばかり一組の人数に交り居り申すべき。（聞書第五、七〇）

――家中の者が一人も残らず、能の役を務めたのに、ただ二人の者だけが出演しないのはどうかと思う。当日だけ一組の人数に加わっているように。

能の会を催すことになり、二人だけ出演しないことになっていましたが、当日になってやっぱりみんな出るように、というお達しがあったという話です。どちらも組の楽しいイベントですが、仲間はずれが出てしまうのは寂しいこと。みんなが参加する会は、みんなに声をかけてあげる心づかいが必要です。

第五章　人づきあいの極意

相手に関心を持って知ろうとする

人に出会ひ候時は、その人の気質を早く呑み込み、それぞれに應《おう》じて会釈あるべき事なり。（聞書第二、四）

――人に出会ったときは、その人の気質を早く飲み込んで、その人その人に相応した挨拶をしなければならない。

相手の気質をおさえる

気質は人それぞれ。その気質を早く飲み込み、相手に応じた挨拶をするようにと書かれています。強く出てくる相手とは戦わないこと。相手が遠慮がちなら盛り立てていって、喜ばせること。無口な人なら言葉を補ってあげること。

相手の気質を察するのが大事なのは、現代人も同じことでしょう。「三つ子の魂百まで」と言いますが、産まれたときにはすでにあり、死ぬまで大きく変わらないものが気質です。体質改善とは言っても、気質改善とは言いませんからね。

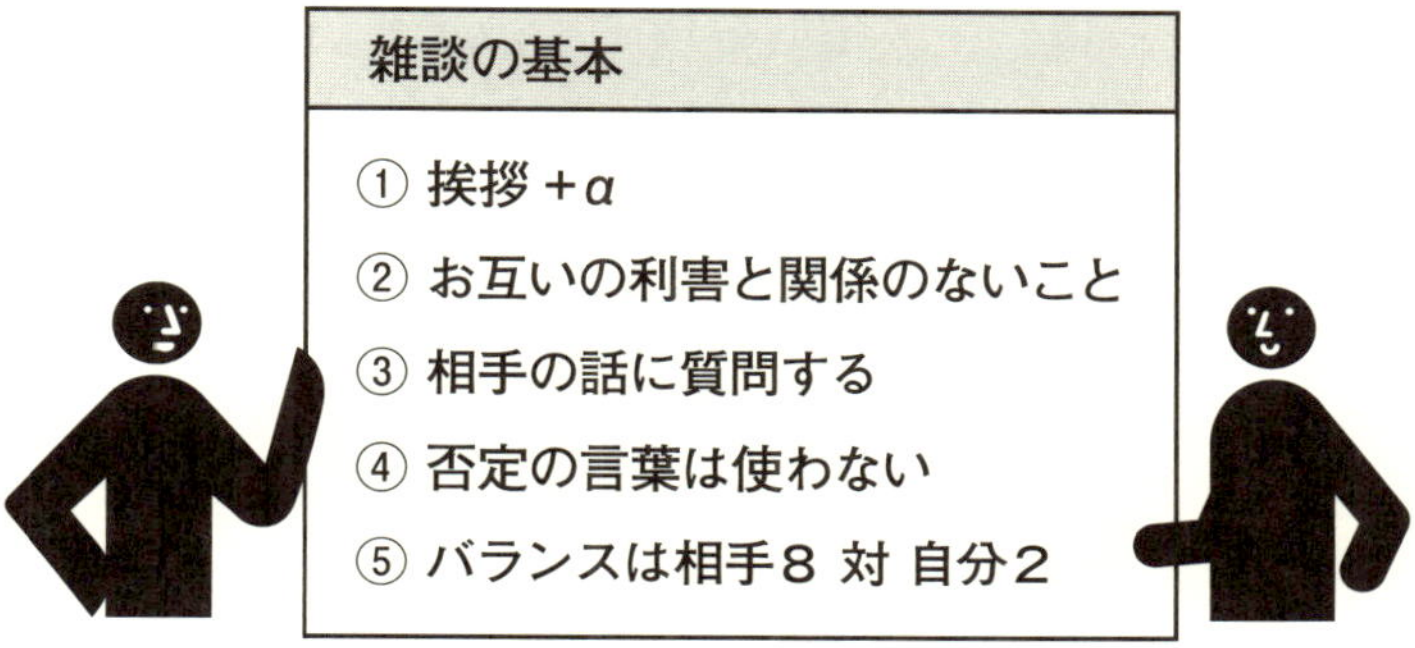
雑談の基本
① 挨拶＋α
② お互いの利害と関係のないこと
③ 相手の話に質問する
④ 否定の言葉は使わない
⑤ バランスは相手８ 対 自分２

雑談は大人のたしなみ

人は、いろいろな社会経験を積んで少しずつ変わっていきますが、もともとの気質は変わることはありません。その人の気質を早く飲み込めば、対応の仕方やアドバイスも変わってきます。

指導する場合でも、ほめて伸びるタイプと叱って伸びるタイプがあります。それを間違えると大変です。漫画『ＳＬＡＭ ＤＵＮＫ』（スラムダンク、井上雄彦、集英社）では、ふくちゃんと呼ばれていた選手が、コーチに厳しく言われてやめてしまうのですが、あれは対応を間違えた例です。ふくちゃんは、きつく言われるとダメになってしまうタイプでした。しかし、きつく言われると伸びる人もいます。

また吉田松陰は、弟子の高杉晋作と久坂《くさか》玄瑞《げんずい》をライバル同士として見ていましたが、高杉はちょっと自信家なので、久坂をライバルにして刺激します。それぞれの気質を見きわめて伸ばすことが大事だと、松陰は語っていました。個人の成熟度を見て気質に対応しているのは、さすが日本を代表する教育者です。

相手にふさわしい話を

人と接するとき、もう一つ大事なことがあります。

「よき事とて、合はぬ事を言うては無興《ぶきょう》のものなり。（聞書第一、一五〇）——どんなに立派なことでも、相手にふさわしくないことを言ったのでは興ざめである」。正しいことがすべて正しいわけではない、ということです。

いいことだからといって、相手に合わないことを言ってはつまらない。相手にふさわしい話をし、会話は相手に合わせることが大切です。

よいこと、正しいことなら何でも言っていいわけではなく、相手に合わないことや気が利かないことは言わないよう気をつけましょう。

相手にふさわしい話ではないと思ったときは、流すことも大切です。「この話題は広がらない」「相手が興味がなさそうだ」と思ったら、話題を変える。テレビ番組でも司会進行役の人は、さっさと話題を変えていきます。

このとき大事なのは、質問力です。「ところで話題は変わりますが」といちいち言う必要はなく、質問を変えればよいだけの話です。

ふさわしい話が思いつかないときには、世間話をしましょう。世間話というのは非常に大事で、誰もが適当に話せます。特に、旬の話題は比較的問題がありません。テレビでは二週間単位くらいで旬な話題が変わっていきます。テレビを見ていれば、旬な話題がわかります。

今の時代は「世間」もないし、「隣近所」もないので、テレビのワイドショーで取り上げられることが世間話となっています。旬の話題に困らないためにも、テレビはよく見ておくとよいでしょう。

「知らない」とは言わない

> **終《つい》に知らぬ事ながら存《ぞん》ぜずと云はれず、漸《ようや》く間に合はせ候。**
> （聞書第五、二三四）
> ――知らないことであるにもかかわらず、知りませんと言えず、何とかその場をつくろってきた。

話は途切れさせない

黄門様として知られる水戸光圀《みつくに》公と、光茂公は懇意にしていました。あるとき黄門様が船の話をされて光茂公に「よくご存じであろう」と言われます。光茂公は知らないとも言えず、「そのような細かいところまでよくご存じでございますね」と、とりあえず話を合わせてきたという話です。

会話をしていて「知っていますか」と聞かれたとき、「全然知りません」と言うと、「そんなことも知らないのか」となって、相手に話し続ける気力がなくなることがあります。

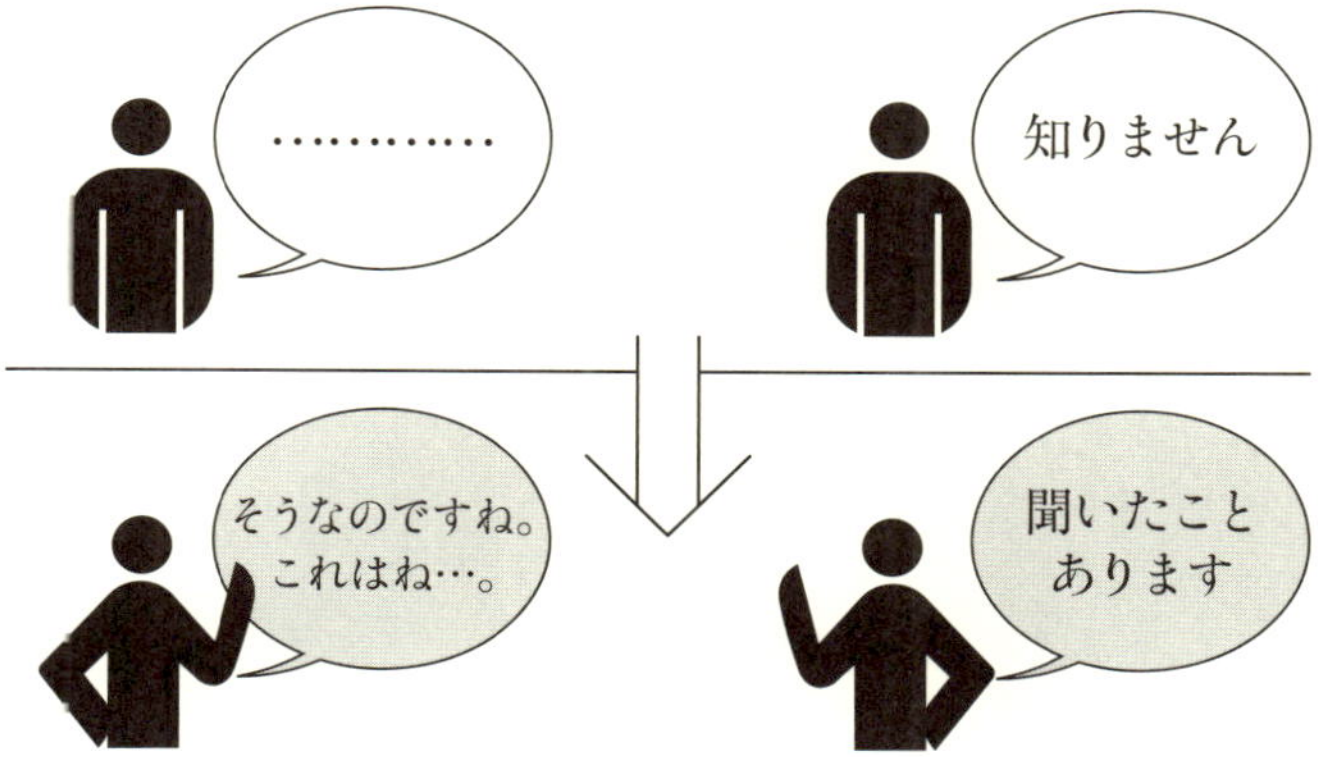

機転を利かせて会話を続けよう

かといって、詳しく知らない分野はたくさんあるわけですね。

そういうときには「名前だけは聞いたことがあります」などと言うと、相手は話をしやすくなります。

たとえば大学生にハイデッガーの話をして、「名前くらいは知っている」と言われたら、「それでね」と続ける気になりますが、ハの字も知らないとなると、「フッサールは無理だろう」とか、「メルロ・ポンティは絶対知らないだろうな」と難しい話は避けていくわけです。

場が白けるのが一番よくないので「そんな類のことを聞いたことがあります」「たとえばこんなものでしょうか」と言ってみる。知ったかぶりもいけませんが、何も知らないというのも場が持ちません。上手に話を合わせることです。

わかっていても聞いてみる

「知らない」と言うこともよくありませんが、「なんでも知っています」と言うのも、あまりいいものではありません。

あるとき、板倉周防守《すおうのかみ》が月舟《げっしゅう》に読ませようと言って、読みづらい手紙を差し出しました。

月舟はひと通り見て残らず読めたのですが、いかにも読みかねるといった風情でつっかえがちに読み、少し読んでは「この字はなんでございましょうな」（この字は何にて御座あるべくや、斯様《かよう》にも読み申すべくや。（聞書第十、九六）」とご隠居に尋ね、また少し読み進んでは尋ねるというふうにして、読み終わりました。

それを見た周防守殿は「月舟はなかなかの者」とほめたそうです。

本当は読めるのにわざと下手に読む。そしてご隠居さんに教わりました、とする。これは、会社でも言えること。「全部知っています」「これもわかっています」と言うと、ちょっと感じが悪くなります。

わかっていてもちょっと質問してみせる。その塩梅《あんばい》が肝心です。

会ったときはなごやかに

心に叶《かな》はぬ事ありとも、出会う度毎《たびごと》に会釈よく、他事なく、幾度にても飽かぬ様に、心を付けて取り合ふべし。（聞書第一、一六四）

――気に食わないことがあっても、誰と出会っても愛想よく挨拶し、出会いが幾度重なろうといやな顔を見せないように、注意してつきあわなければならない。

言いづらいことはその場で言わない

後輩や知り合いと仲が悪く、会合にも欠席しがちで文句ばかり言うのは度量が狭い人です。気に食わない人がいたり、意に添わないことがあったりしても、会ったときには愛想よく挨拶をする。嫌味を言って相手を不快な気持ちにさせるのではなく、その場は気持ちよく過ごすことが大切です。

言いたいことがあった場合も、その場では楽しく会話して、面倒なことは後日メールで要件を伝えるのも一つの方法です。面と向かって言い合いをすると、疲れますからね。

面倒なことといっても、たいていはケンカをしたいわけではなく、物事を整理して伝え合い、納得したいわけです。細かい点が抜け落ちないためにも、書面にして了承し合う。そのほうが、的確に伝わります。そして、次に会ったときにはまた「あのときはどうもありがとう」と言って、愛想よく挨拶をするのです。

江戸時代から、顔を合わせれば嫌味を言ったり、相性の悪かったりする相手は誰にでもいたものでした。だから、このような注意書きがあるのです。

呼吸を楽にしてはずませる

なごやかにする秘訣は、呼吸を楽にすることでしょう。呼吸をゆったりとして、はずませるようにする。体が緊張して滞っている人は、ふーっと息を吐いて楽にして「何もかも、どちらでもいいや」と思うことも大事です。

およそどちらでもいいという考えのもと、適当にやればいいのです。「こうでなければいけない」ことなどありません。

たとえば本のタイトルを決めるとき、「このタイトルでいきます」と言われても「内容が違うよね」と思うことがよくあります。思いがけないものが出てきたときには「へえ」と思いますが、「そのタイトルにするなら、内容をアレンジしましょう」と対応すればいいのです。どちらでもいい、という気持ちで、柔軟にいくことです。

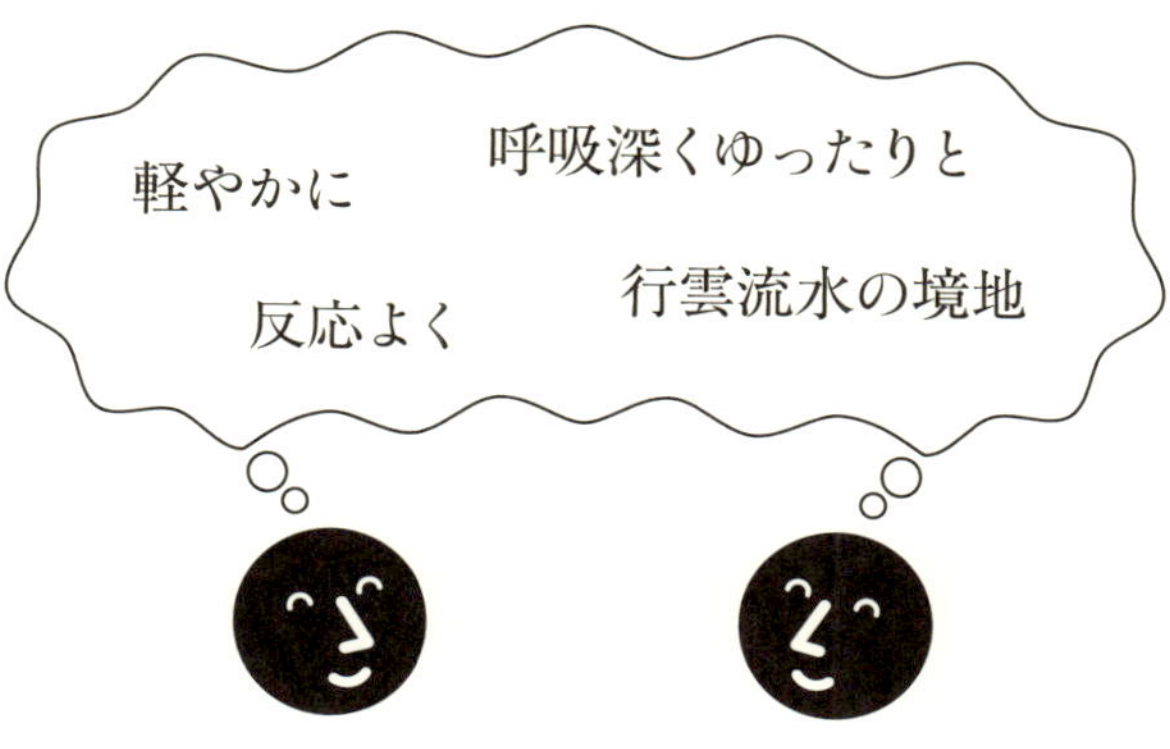

その場は愛想よく気持ちよく

仕事というのは、リスクを取る人の意見が大切です。その人が責任を負うので、「自分はそうでもない」という場合は、力んだり無理をしたりしないこと。「そういうこともあるなあ」と、スッと引くのも技の一つです。

出会いは縁なので、うまくいかないときには縁がなかったと思えばいい。行雲流水、雲が行き、水が流れるようにやっていくと気楽です。それを呼吸で実践する。吸って吐いて、吸って吐いて、流していくのが大事です。

もう一つは、反応をよくすることです。真面目な顔で反応が鈍い人は危ないですね。反応をよくしていくと、自然に軽やかになっていきます。真剣さが裏目に出ないよう、「はずみ」でやっていくといいでしょう。

発信は慎重に

風體《ふうたい》の修行は、不断鏡を見て直したるがよし。手紙は向様《むこうさま》にて掛物になると思へ。（聞書第一、八九）

――姿・形をよくする心がけは、常に鏡に映して直すことだ。手紙を書く場合は、送った先で軸物に仕立てられると思え。

世に出て恥ずかしくないものを

『葉隠』には様々な武士の心得が記されていますが、「姿・形をよくするには鏡に映すことだ」とか、「文章や手紙を書くときには掛け軸にされると思え」など面白いことがたくさん書かれています。

普通の人は、家康から手紙が来たら掛け軸にするでしょうが、自分の手紙が掛け軸になるなど考えもしないことでしょう。それくらい手紙は練りに練って書け、ということです。

今は手書きの手紙をあまり書かなくなりましたが、メールやブログなど様々な場面で文

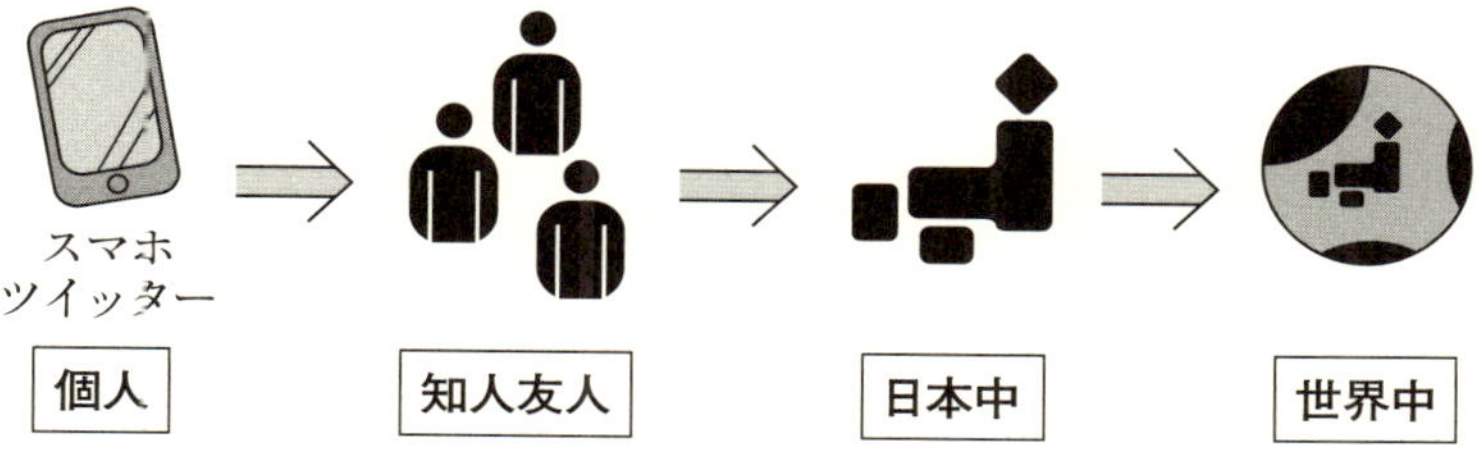

全世界発信……差しさわりのあることは言わない！

章を書く機会が増えています。そのときも、「このブログが掛け軸になる」くらいの気持ちで、世に出ても恥ずかしくない内容にしましょう。

今はSNSが全盛ですが、特にツイッターは全世界に発信していると思わなければなりません。友達だけに発信していると思ってつぶやくと、周囲がものすごい不利益を被ることがあります。

たとえば学校の先生が、生徒の写真をアップしても大きな問題です。昔なら内々で済んでいたことでも、今は全世界発信。誰が見ているかわかりません。

みんなで撮った写真を勝手にフェイスブックにアップすると、本人は映りがよくても、横にいる人はそうでもないことがある。勝手に載せてほしくないという揉め事があちこちで起き、人間関係がきしんできています。

私は「写真をアップしてもいいですか」と聞かれたときは、たいてい「勘弁してください」と伝えます。すべてが証拠になると思うと、神経質にならざるを得ません。

今は、普通の人の意見やクレームもすぐに広まるし、嘘を言えばそれも広まります。テレビに出る人や著名人が嘘を言わないというのは当たり前ですが、一般の人にもそういう意識が求められる時代になっています。自由なようでも、文章や写真は一気に広まります。他人に対する誹謗中傷にも、気をつけなければなりません。

狭い小道を歩いているようでも、一歩出れば大通り。恥ずかしくないものを発信すべきです。

一言に心を込める

「武士は當座《とうざ》の一言が大事なり。一言が心の花なり。(聞書第一、一四二)――武士は、その場での一言が大切である。この一言が、心に咲く花である」の「この一言が、心に咲く花である」というのは、カッコいい言葉です。

「臆病風に吹かれる」という言葉もありますが、人はちょっとした一言で臆病者だと思われたり、頼もしい剛の者だと思われたりします。

また、江戸時代は、ちょっとした一言で遺恨ができて敵になる、ということが本当にありました。言い合いをしてバカにされたと感じると、その夜のうちに刀を持って家に乗り込み、「武士として恥をかかされたので、斬る！」ということがたびたびあったのです。言ったほうは、寝ているところを襲われて命を失ってしまう。言ったほうが悪いということになるわけです。ですから、揉め事になるような差しさわりがあることは言わないように、武士はいつも気をつけていました。

現代人は、武士ほど言葉を大切にはしていません。何気なくたくさんの言葉をしゃべっていますが、もしかしたらそれが自分の評価を下げることになっているかもしれません。あるいは、言葉によって自分自身の気力を削《そ》いでいるかもしれない。

なんでもかんでもブログやツイッターでつぶやき続けていると、それで元気になっている場合もあれば、気力を削がれる場合もあると思うのです。

思ったことを全部言うのがいいわけではない。SNS全盛の今は、一言一言に気をつける必要があり、武士の時代よりも一言が重視される時代だと思います。

「この一言が心の花」だと思って、メールやツイッターを書きましょう。そうすると自分の言葉が変化し、人との関係も変化するかもしれません。

現代でも、ネット上でつまらない言い合いになって炎上することがしばしばあります。自分の事件でもないのに介入して自爆してしまう人もいます。昔も今も、同じこと。差しさわりのあることは言わないようにしましょう。

知らないことは平和である

藻がらなどのあるゆえに、その蔭に魚はかくれて成長するなり。

（聞書第一、二四）

――藻などが生えているから、魚はその陰に隠れて成長することもできるのだ。

見逃し、聞き逃す

武士というのは金持ちではないので、普通は倹約をしています。ところがここには、「あんまり倹約を細かく部下に言うのはよくない」と書かれています。少々は見逃してあげたり、聞き逃してあげることが大切だというのです。

見逃すという行為は、魚で言うと、藻が生えている場所に放つことです。魚は藻の陰に隠れてホッと休むことができる。藻のない水槽は一見きれいですが、隠れるところがないため安らげません。

孔子も「水いたって清ければ魚棲まず」と言ったように、穏やかな気持ちで生きていく

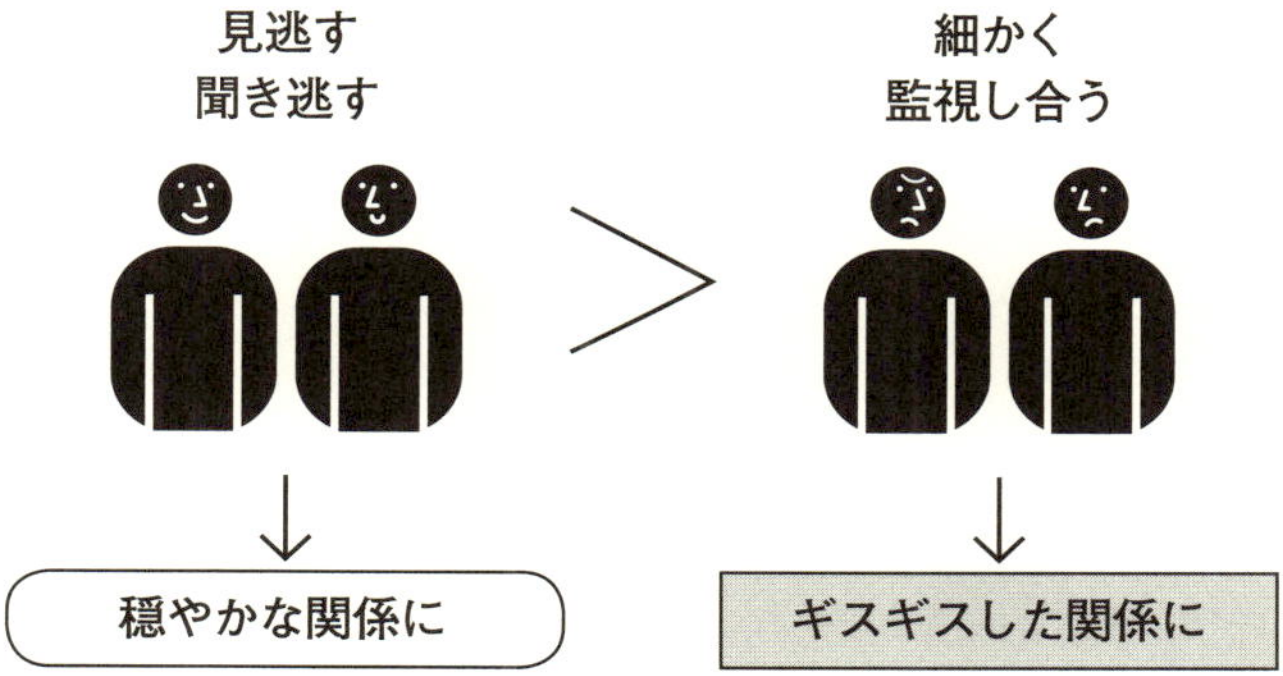

知らない顔をすることもマナーの一つ

には、少々のことを見逃し、聞き逃す心が大事です。

今の時代は相互監視社会のようになり、細かいこともみんなで監視し合う空気が蔓延しています。男女の関係や友人関係も、ちょっと調べれば「昨日は、誰がどこに行っていたか」とわかってしまいます。ブログやフェイスブックの写真をつなぎ合わせると、全部バレてしまって大変！　ということになりかねません。

仕事においては、当然厳密さや透明性が要求されますが、その他の場面ではゆるやかに息を抜くことも大事でしょう。そうしないと、全員がＧＰＳをつけられ、何から何まで監視される社会になってしまいます。

少々のことは刑事のように追い回さず、見逃したり聞き逃したりすることができると、もう少し住みやすい社会になるのではないでしょうか。藻が必要だという発想は、相互監視社会においてはより重要になってきていると思います。

大変なときこそ力になる

曲者《くせもの》は頼もしき者、頼もしき者は曲者なり。人の落ち目になり、難儀する時節、くぐり入りて頼もしするが頼母《たのも》しなり。

（聞書第一、一三三）

――剛の者は頼もしい者、頼もしい者は剛の者だ。人が落ち目になって難儀をしているようなときに、こっそりやってきて頼りになるのが頼もしいというのだ。

頼もしい助っ人となる

曲者というと、曲がった者、悪者のイメージですがそうではありません。いざというときに役に立つ、ひとかどのものを持った剛の者、頼もしい人のことです。

そして、人が落ち目になったときに頼りになるのが頼もしい人だと書かれています。たいていの人はいいときは傍にいるのに、落ち目になると去っていきます。しかし、頼もし

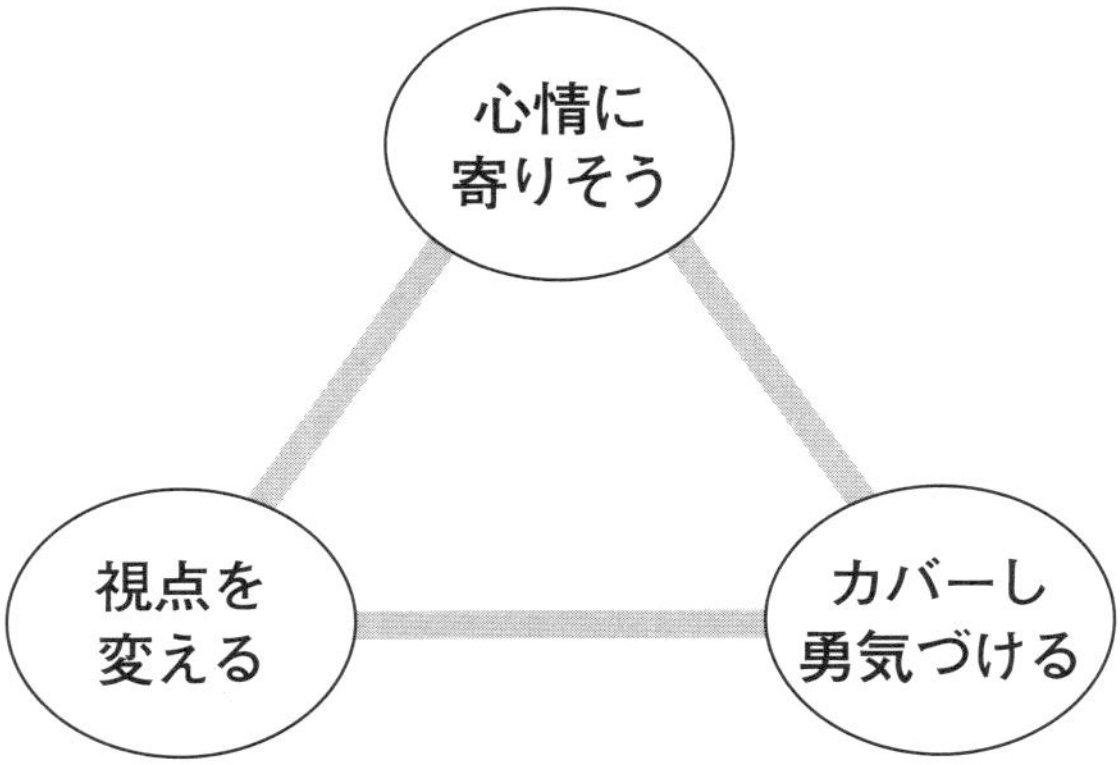

トラブルの渦中にいる人こそ、しっかりフォロー

い人は逆で、いいときには特に会わなくても、落ち目のときに助けに来る。

トラブルに見舞われたり、落ち込んだりしたときにこっそりと登場して、さりげなく去っていく。お助け人みたいな人が、頼もしい人です。そういう心を持っていることが、大事なのです。

武士の世界も、いろいろと考えながら人づきあいをしているのですね。下手をしたら、今よりもずっと組織を考えている人が多かったのかもしれません。

悪事を働いた人を孤独にしない

人が悪事を働いたとき、多くの人は責め立てるでしょう。みんなが責めてしまうと、その人は孤独になってしまいます。だから、味方になるのです。

「恩を受けたる人、懇意の人、味方の人には、たとへ悪事ありとも潜《ひそ》かに意見いたし、世間にはよき様に取り成し、悪名を云ひふさぎ……（聞書第二、一一九）——恩を受けた人、親しい人、味方の人などには、たとえ悪事があったとしてもこっそりと注意をあたえ、世間に対しては、うまく取りなして悪い評判になるのをかばってやり……」には、その大切さがよく表れています。

こっそりと注意を与え、よいことをしたときはほめていると、自然と悪しき沙汰も変わっていくもの。風向きの悪いとき、逆風のときに助けてもらったという思いは残り、よい人間となっていきます。

だから、身近な人がミスをしたときには、カバーし勇気づけることが必要です。ただし、あまりフォローしすぎると甘くなりすぎる危険もあるので、「こうすると、けっこう、うまくいきますよね」と対策をアドバイスしてみるとよいでしょう。

年長者の言うことには耳を傾けよう

同じ事を十度も二十度も聞くに、不圓《ふと》胸に請け取る時節あり。

（聞書第二、一三四）

——同じことを十度も二十度も聞いているうちに、ふと理解できるときがある。

腑に落ちる感覚

年寄りの繰り言と言いますが、何度も繰り返されると「知ってるよ」「聞いたよ」という気持ちになります。しかし、何度も聞いているうちにふと胸に落ちることがあります。頭では何度も聞いているかもしれませんが、胸に請け取ることが大事で、そのとき言葉が格別なものになるのです。

「聞く」というのは、「知っている」と「胸に請け取る」の二種類あります。

知っているという顔をしないで、心で聞く。年寄りの繰り言と言うと役に立たない話に聞こえますが、繰り返す内容には、何かがあるから繰り返すのです。

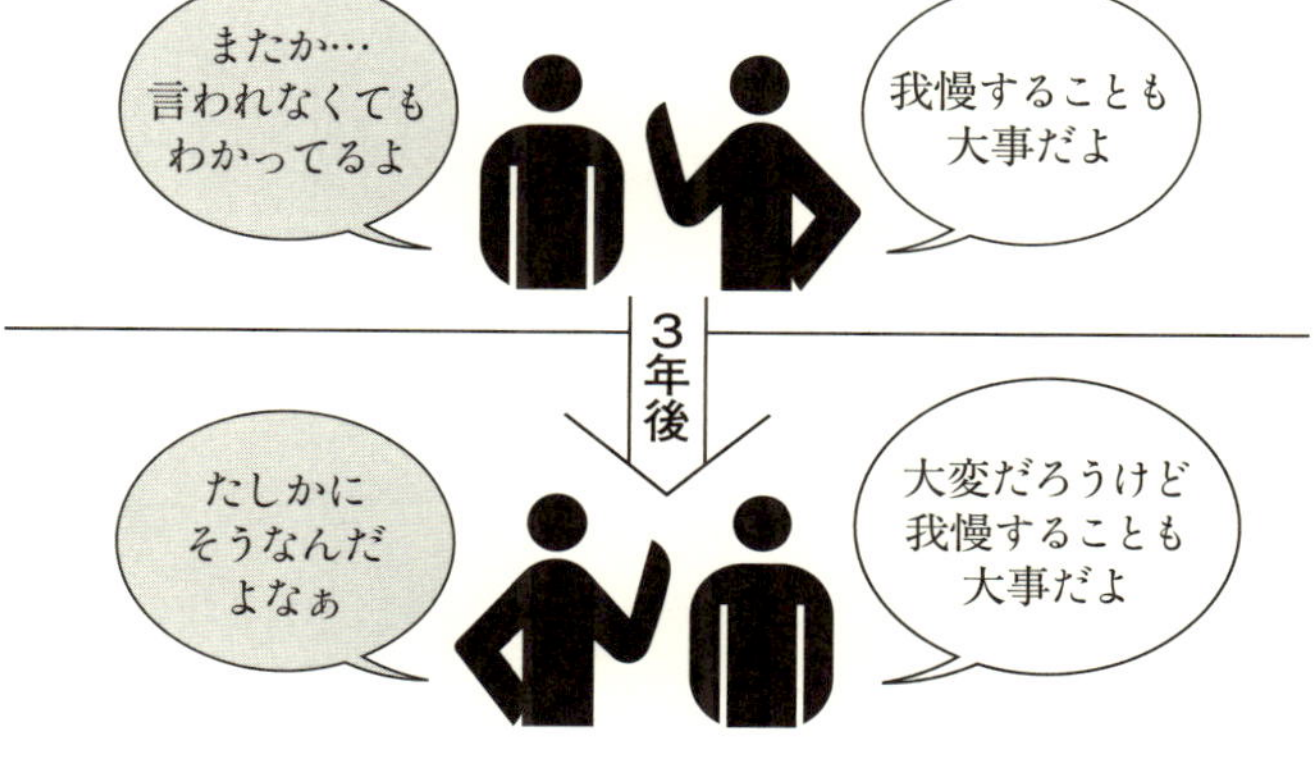

「知っている」から「胸に請け取る」になるときがくる

学生たちの中には、何度同じことを言ってもわからない人がいます。教師歴が長いので、昔は二、三回言ったらいやになっていましたが、あるとき何回も何回も何回も繰り返して、ようやくそこからミスがなくなるという経験をしました。十回くらい言って初めて身につくことがあります。

私も子どものころ、肘をついて食事をすることが直らなくて、家族に一万回くらい注意されました。自分自身の経験もあるので、人に対して「早く直せ」と言うことはできません。

スポーツを教えているときにも、何回も何回も伝えて、あるとき突然理解してもらえることがよくありました。量質転化と言いますが、量がたまっていくと変化が起きるのです。その地点は人によって違う。

孔子が弟子の子貢《しこう》と話をしているとき「顔回《がんかい》についてどう思うか」と聞くと、子貢は「一を聞いて十を知る者です」と答えます。「本当にそうだね。顔回には私も及ばないよ」と言うのですが、一回聞いてわかる人もいるし、十を言うために百回言わなければならないこともあるのです。

松下幸之助は、「大事な話は何度でも必要だ」と言って、繰り返し同じ話をしたそうです。そうすれば「ふと、胸に請け取る時節あり」というのも、よい言葉ですね。

巧みな一言

年長者の言うことには一理ある、とは思っていても、実際は腑に落ちないこともあるかもしれません。それを見越してか、『葉隠』には、こんな話もあります。

あるとき、浪人にさせられた人がいました。家はたしかに継がせると言われましたが、浪人というのはリストラです。途方に暮れていたら、老人がやってきて言いました。「ありがたいことではないか。ご主人の気に背いたときには、浪人どころか磔《はりつけ》にされることもあるのだぞ。それなのに、家も継がせてもらえるのだからありがたい。お祝いを申し上げたい」

嘆いても仕方ない、お祝いをしようというわけです。巧みな一言で、その場の空気はすっかり明るくなりました。

まさに「老功の一言他事無きものなり。(聞書第八、三九)」の言葉通り、千金の値がある、老人の言葉です。

ちょっとしたことでも声をかけ合う

大難《たいなん》大変の時も一言なり。仕合《しあわ》せよき時も一言なり。當座《とうざ》の挨拶《あいさつ》咄《ばなし》の内も一言なり。工夫して云ふべき事なり。皆心の仕事なり。

（聞書第二、八二）

――大難や大変なことがあったときも、一言が大切である。幸せのときでも、一言が大切である。日ごろの挨拶話にすぎないようなときでも、一言が大切である。十分に考えて言わなければならない。すべて心の用い方なのだ。

一言は心の仕事

大きなトラブルが起きたとき、一言を間違えると大変なことになります。たとえば会社が不祥事を起こしたとき、会見で「私だって寝てないんだ」などと言ってしまうと、謝罪会見をしていても、火に油を注ぐ結果になってしまいます。

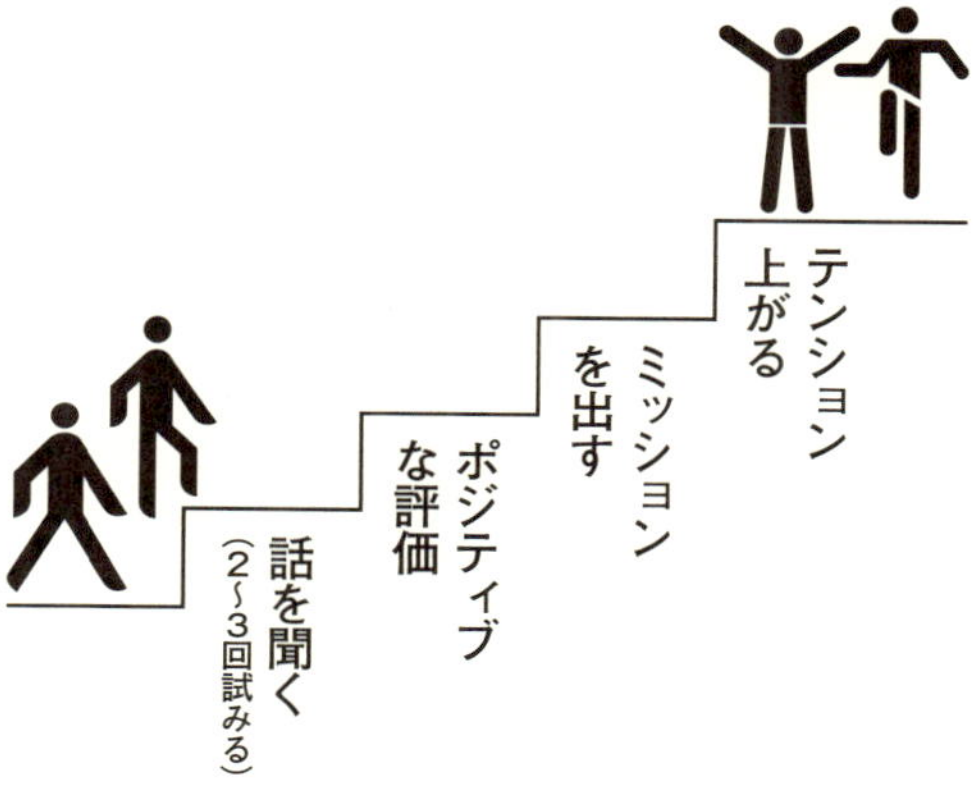

相談できない人は多い。まずは話を聞くことから

最近は、不祥事を隠そうとしても隠せない時代になっています。あとからあとからいろいろなことがバレるので、透明度の高い会見をしないと「また隠していたのか」と言われることになります。

トラブルのときばかりではありません。一言を言うのは、毎日の一人ひとりの心の仕事と考えましょう。

何気ない日常の挨拶でも、心がほぐれるような雑談ができる人は、心がやわらかい人です。逆に、出会った瞬間ネガティブな情報を言って去って行く人もいる。言われた相手には、いやな気持ちだけが残ります。

今の時代は「一言」の回数がとても多くなっています。昔は一日に五、六人と会話すれば終わりだったのに、何十人何百人とメールのやりとりをし、ＳＮＳなどに書き込んだりして、みんなが一言を言い合っています。交通量が多くなった分、事故も増えています。

炎上したとか、ブロックされたという話を聞くと、大量の交通量の中でドライビングテクニックが要求されているのだなあと感じます。そのあたりもすべて、心の仕事です。

江戸時代の武士が、これほど日常の言葉を大事にしていたことは、私たちも知っておくべきでしょう。

普段から一言をかけ合う

負け戦のときにはみんなの士気が下がってきます。気持ちもバラバラになるので、俸給だけではまとまりません。普段から一言の情をかけておかないと、人間は役には立たなくなってしまいます。

勝っているときはみんなが気分がいいものですが、形勢が悪くなると、泥船から一斉に逃げ出すこともある。武士の世界では、「俸禄は勝軍の時に用に立ち候。負軍になり候時は一言の情を懸け候者ならでは用に立たず候。(聞書第六、一七六)」とあります。「俸禄というものは、勝ち戦のときには役立つものだが、いったん負け戦にでもなると、俸禄ではどうにもならない。情けのこもった言葉の一つもかけておいた者でないと、そういうときには役立たないものである」というように、一言の情が非常に重要視されています。

普段から声をかけて励まし合っていれば、会社を辞めることもありません。いやなことがあったとしても、すぐには辞めません。もしもすぐに辞めてしまうとしたら、それはやはりコミュニケーション不足です。

テンションが下がっている人が近くにいた場合、その人は悩み事があって何かしらストレスを抱えているので、「どう?」と話だけでも聞いてみましょう。話を聞くだけでストレスは減るので、聞き出すことはとても重要です。

たいていの人は、一度聞いたくらいでは話しません。「特にない」と言われても「どちらかというと、こういう感じ?」などと声をかけてみる。二、三回聞いているうちに、しゃべり始めます。

また、部下の場合は「これがよかったよ」とほめ、ポジティブな評価をすると、だんだんに自信がついていきます。上手に話しかけつつ、ミッションが出せると仕事へのやりがいも生まれます。

「君を見込んでこれを頼みたいんだけれど」と言って、難しすぎないことを頼んでみる。そのミッションに応えられたら、またそれが自信につながります。

テンションが下がっている人には、頭ごなしに叱ったり否定したりするのではなく、まずは静かに話を聞いてみるといいでしょう。

口論の心得

口論の時心持《こころもち》の事　随分尤《もっと》もと折れて見せ、向ふに詞《ことば》を儘《つ》くさせ、勝に乗って過言をする時、弱みを見て取って返し、思ふ程云ふべし。（聞書第十一、一〇）

――口論のときの心得のこと。なるほどもっともな言い分だと折れてみせて、相手に言いたいだけ言わせ、勝ちに乗じて言いすぎたときに、その弱みをとらえて思うさま言い返すといい。

クレームは相手が落ち着くまで話を聞く

今の時代は、人と口論することは多くありません。しかしたとえば、クレーム処理などでは、相手の思いを徹底的に聞くことが大切です。

言葉をさえぎると余計に激怒してしまうので、まずは思いのたけを吐き出してもらいま

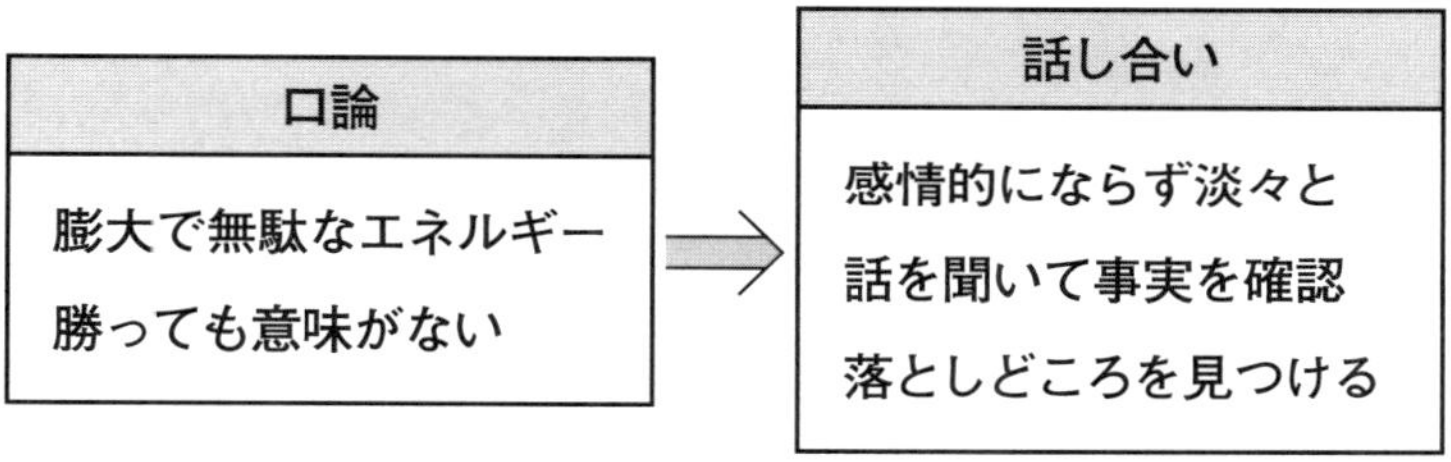
口論
膨大で無駄なエネルギー
勝っても意味がない
話し合い
感情的にならず淡々と
話を聞いて事実を確認
落としどころを見つける

「口論はしない」と決める

す。相手が落ち着いてきたところで、「なるほどわかりました」と、事実関係をはっきりさせていきます。

　こちら側が一方的に悪かったかもしれないし、相手にも非があるかもしれません。それを一つ一つ検証していくのです。常朝は「相手の弱みをとらえて思うさま言い返すとよい」と言っていますが、実際はそれをしたら危険です。現代社会では、なかなか言い返せない場面も多いからです。

「事実はこうでしたが、このようにさせていただくことでいかがでしょう」と折り合いをつけながら話していくとよいでしょう。

口論で得るものはない

　この項自体を否定するようですが、私は口論というのは基本的にすべきではないと考えています。若いころは、口論や議論ばかりしていましたが、そこから得たものがあまりないのです。

福沢諭吉も「書生流の議論などはついぞしたことがない」と語っていますが、論理的に相手を説き伏せたところで、意味はない。

実際私は、二十代の膨大な時間を論理的なやり合いに費やした結果、友人を失ってしまったことがあります。相手を完膚なきまでに叩くのはよくないことだと学び、口論をしなくなりました。

恋人同士や夫婦間であっても、口論して得することはありません。相手の話を聞き「あ あそうですか」と、適度に流すことも必要でしょう。

若いときには持論で相手を説き伏せようとする傾向がありますが、成熟してくると口論が何も生み出さないとわかってきます。口論しても空しさが残るし、負けるが勝ちという言葉もあります。それを理解するのも、人としての成長です。

酒席は打ち上がりをきれいに

酒といふ物は、打上り綺麗にしてこそ酒にてあれ。（聞書第一、一二三）

――酒というものは、終わり方をよくしてこそ酒である。

『葉隠』では、正しいお酒の飲み方まで指導をしています。当時の武士の言動は非常に厳しく見られており、たった一言が命とりになったというエピソードは山のようにあります。ですから、「打ち上がりをきれいにする」のが、とても大切なことでした。

お酒の席も大切

志ある侍は諸朋輩《ほうはい》と懇意に寄り合ふ筈《はず》なり。（聞書第一、一三〇）

――志のある侍は、多くの友人と親しく交際するはずのものだ。

いざ、ひと働きしようというとき、声をかけたら「おう！」と答えてくれる仲間の大切さが説かれています。武士の時代もお酒をよく飲んでいたため、『葉隠』には酒席の話がたくさん出てきます。酒を飲んで志ある者が語り合うのは、奉公のうち。チーム力を高めるには、お酒の席も必要なものでしょう。

無上の恋は忍ぶ恋

恋の至極は忍恋《しのぶこい》と見立て候、逢ひてからは恋のたけが低し、一生忍んで思ひ死する事こそ恋の本意なれ。（聞書第二、二）

――無上の恋は、心の中に秘めて外に表さない恋だと決めている。その人に会って形に表したのでは、恋の程度も高くない。一生涯心に秘めて、思いを焦がしながら死んでいったというような心こそ、恋の恋たるゆえんであろう。

この時代は、男女の恋だけではなく、主君に対する思いも一つの忍ぶ恋でした。主君ですから一方的に思いをかけていく。成就するわけではありませんが、思い続けていくのです。忍ぶ恋こそが恋であり、思い死にすることが恋の本意であるというのだから、すごい話です。

時代を読む

時代の風と云ふものは、かへられぬ事なり。（聞書第二、一八）

――時代の風潮というものは動かし難いものである。

変わっていく時代時代のよいものを見ていくことでしょう。今だけがいいわけでも、昔ばかりがいいわけでもない。そういう物の見方は、現代でも参考になります。

おわりに――五パーセントの武士道精神が、人を強くする

これまで『葉隠』について語られるときは、「武士道といふは、死ぬ事と見付けたり」という言葉が代表として取り上げられていました。

しかし実際にこうして読み込んでいくと、「奉公人として、自分に与えられた仕事をいかにまっとうするか」や「人づきあいの大切さ」などが非常に細やかに描かれています。

現代社会とも通じる部分が多く、私たちの生活に非常に引きつけやすい。それと同時に、『葉隠』に貫かれた精神文化には、学ぶべきところがたくさんあると感じます。

もっとも大事なのは「覚悟」です。今を生きる私たちは、覚悟というものを持ちにくくなっていますが、武士道には「死ぬ覚悟」があります。

永遠に死なないのであれば、生についてそれほど考えなくて済むでしょう。しかし一生ははかなく、やがて死が訪れる。やがてどころか、武士は「今日、明日、死ぬかもしれない」と覚悟を決めている。それによって、生きることがありがたいものだと感じるのです。「生きる」とは、一種の祝祭です。

生きることを自分から捨てる覚悟を持てば、死への恐れはなくなります。恐れがなくな

ると、この世界でのびのび生きていくことができるというわけです。

『葉隠』が著されたのは、江戸中期一七〇〇年代の初めです。少し前の時代には激しい戦が行われていましたが、この時代はもう、そのようなことはありませんでした。

常朝は「時代の風と云ふものは、かへられぬ事なり」と言っていますが、武士としては戦のあった昔に戻りたいが、戻そうと思ってできるものではない。かといって、昔を嫌うのもよくないことだと書かれています。

武士道が若干すたれつつあり、武士が弱くなっていた時代に、常朝は武士の生き方の美学を残したかったのです。それは武士の生活における美学であり、振る舞いにおける美学でした。

常朝は、出家したあとも武士の美学に憧れを持ち、そこに精神の柱を据えて生きていました。その「武士の精神」がどのようなものか、『葉隠』は端的に教えてくれます。

精神とは何か。私は、心と精神は別物だと思っています。

心とは、天気のようにころころと変わりがちで、非常に個人的なものです。しかし、精神は安定している。武士の精神というのは個人的なものではなく、武士たちに共通した文化なのです。

そのため、「昨日は武士道がわかっていたけれど、今日は調子が悪いからわからない」とか「昨日なら切腹できたのに、今日は勘弁してほしい」ということは絶対にありません。もしそういう人がいれば、武士道の精神が身についていないことになります。

現代人が苦労しているのは、心の悩みが多いことです。それを克服するための一つの方法が、精神文化を受け継いで、精神の強さで心を支えることだと思います。

人間には、身体があり、精神があり、心があって存在しています。

一番大きな土台は、生物として生きていく身体の活力です。その上に精神が乗り、さらに心が乗っかっている。これくらいのバランスだと、心が担う重荷が少なくて済みます。武士にとって、「今日は気分が悪い」「今日は気分がいい」ということはあまり問題ではありませんでした。気分ではなく、武士道という精神にのっとって日々を執り行っていたからです。

これは一見、自由ではないように見えますが、楽に生きる術でもあります。日々移り変わる不安定な心とつきあい、どうしたらいいか考える必要がないからです。つまり、精神文化を引き継ぐというのは、心の負担を軽くすること。日本の精神文化の柱の一つが、武士道なのです。

もちろん、私たちが武士道そのものを体現することは難しいでしょう。しかし、せっかく日本という国にいるのですから、精神文化の粋である『葉隠』を読み、自分の中に五パーセントでも取り込むとよいのではないでしょうか。

五パーセントの武士道精神があるかないかで、気の持ちようはずいぶん変わります。二十パーセントを超える武士道精神は危険かもしれませんが、五パーセントくらいあれば人間として強さが出てきます。

武士道は武士だけではなく、その後の日本人の在り方や職業倫理にも、影響を与えてきました。いざとなったら命をなげうってでも仕事をまっとうするという精神が、今も日本人の中には残っています。

消防士や警察官もそうですし、パイロットや電車の運転士など人の命を預かる人もそうでしょう。学校の先生でも、言葉を一つ間違えれば、自殺者が出ることもあり得ます。今の時代は真摯な態度で気概を持って仕事に臨まなければ、生死に関わることが多いのです。大変なストレス社会ですが、古典を読むことで、その時代を生きていた生身の体から発せられる精神文化の薫陶を受けることができます。

「毎朝毎夕、改めては死に」とあるように、与えられた仕事に対して「毎朝死ぬ」と覚悟して向かっていく。精神の柱を持つことで、毎日のストレスは減っていきます。

仕事に向かっていくときの心構えとして読めば、『葉隠』はみなさんの中に確実に生きていくでしょう。

最後になりましたが、この本が形になるにあたっては、菅聖子さん、ウェッジ書籍部の山本泰代さんにお世話になりました。図解シリーズもこれで4冊目になります。ありがとうございました。

二〇一六年一二月

齋藤 孝

図解 葉隠
――勤め人としての心意気

2017年1月31日　第1刷発行
2024年7月16日　第2刷発行

著者　齋藤《さいとう》 孝《たかし》

発行者　江尻 良

発行所　株式会社ウェッジ
〒101-0052
東京都千代田区神田小川町1-3-1
NBF小川町ビルディング3階
電話：03-5280-0528
FAX：03-5217-2661
http://www.wedge.co.jp
振替：00160-2-410636

ブックデザイン　横須賀 拓
DTP組版　株式会社リリーフ・システムズ
印刷・製本所　TOPPANクロレ株式会社

ISBN 978-4-86310-173-9 C0095